美国大都市区肖像丛书

大新泽西区：
历史与现实

[美]丹尼斯·E·盖尔　著
金经　译

中国建筑工业出版社

著作权合同登记图字：01-2016-0718号
图书在版编目（CIP）数据

大新泽西区：历史与现实/（美）丹尼斯·E.盖尔著；金经译.—北京：中国建筑工业出版社，2019.10
（美国大都市区肖像丛书）
书名原文：Greater New Jersey: Living in the Shadow of Gotham
ISBN 978-7-112-24214-6

Ⅰ.①大… Ⅱ.①丹… ②金… Ⅲ.①城市史—纽约 ②城市史—新泽西 Ⅳ.①K971.2

中国版本图书馆CIP数据核字（2020）第085009号

Greater New Jersey: living in the Shadow of Gotham / Dennis E. Gale. ISBN 978-0-8122-3954-6
Copyright © 2006 University of Pennsylvania Press
Chinese Translation Copyright © 2020 China Architecture & Building Press
All rights reserved. Published by arrangement with the University of Pennsylvania press, Philadelphia, Pennsylvania. None of this book may be reproduced or transmitted in any form or by any means, electronic or mechanical, including photocopying, or by any informatiom storage and retrieval system, without permission in writing from the University of Pennsylvania Press.

责任编辑：戚琳琳　率琦　焦扬
责任校对：王烨

美国大都市区肖像丛书
大新泽西区：历史与现实
［美］丹尼斯·E·盖尔　著
　　　　金经　译

*

中国建筑工业出版社出版、发行（北京海淀三里河路9号）
各地新华书店、建筑书店经销
北京点击世代文化传媒有限公司制版
北京市密东印刷有限公司印刷

*

开本：787×960毫米　1/16　印张：13　字数：128千字
2020年5月第一版　2020年5月第一次印刷
定价：58.00元
ISBN 978-7-112-24214-6
（34694）

版权所有　翻印必究
如有印装质量问题，可寄本社退换
（邮政编码100037）

美国大都市区肖像丛书

  本套丛书探讨了过去和现在多样性融合中的当今都市。每一卷讲述一个北美都市区域,包括其历史经验、空间布局、文化以及当今所面临的问题。本套丛书的引进,旨在激发与促进国内读者对北美主要都市的了解与探讨。

献给 2001 年 9 月 11 日世贸中心悲剧中的

遇难者和幸存者

目　录

序　朱迪思·A·马丁　vii

前　言　xi

开场白　进入野兽之腹　1

第 1 章　双州权力经纪　11

第 2 章　在极端密度和差异中包容分歧　33

第 3 章　在地方主义之地竞争空间和资源　49

第 4 章　淡化我们的身份　77

第 5 章　损害我们的形象　103

第 6 章　形象、身份、版图　133

注　释　143

延伸阅读　185

译后记　188

译者简介　191

序

朱迪思·A·马丁

　　《大新泽西区：历史与现实》是"美国大都市区肖像丛书"中的一卷。在构思本丛书过程中，最难完成的挑战是用篇幅很短的一本书囊括纽约都市区的全部。当丹尼斯·E·盖尔表示有兴趣写本区范围内的泽西-曼哈顿轴线时，我很高兴。他的想法让我豁然开朗，感觉极为靠谱，即在写较著名的地区之前先写不太著名的地区（不是指居住者）。盖尔对哥谭镇的河域生活做了大量研究，定基调，找问题，探讨其可识别性。

　　人们往往认为在《黑道家族》（Sopranos）时代，我们最了解跨哈得孙河的广阔区域，但这样的理解是片面的，也必然是主观的。盖尔竭尽全力讲述泽西城南北轴线深深扎根于历史的生活，比如乔治·华盛顿曾在这里多处留宿。但是历史前进得很快，泽西哈得孙河沿岸的城市，从伊丽莎白到纽瓦克，都很快成为地区的工业中心，并在19世纪得到大力发展，吸引了大量来自南欧和东欧的移民以及自由黑人。从20世纪60年代起，这些城市吸引了大量的拉丁裔居民在此定居，但发展过后还是衰落了。最近，地区重建和住宅改善已经改变了这里的城市风格，尤其是霍博肯市和泽西城，速度之快恰如在曼哈顿工作的生活费用——飞涨。

在所有的多元性变化中，泽西分区和曼哈顿之间出现了紧张而又复杂的经济、社会及变迁关系。曼哈顿对东部的强烈影响与费城对南部的微弱影响之间也显现出历史性的内在紧张关系。如果说几十年来大泽西区还有点独立身份，那么盖尔在此给读者讲明了这是怎么一回事。近 50 年来，纽约地区和所有北美都市区一样，大面积扩张形成了典型的远郊区、商业带和购物中心。纽约的来访者，也就是曼哈顿的来访者，大都忽视了这一点。因此，他们也忽视了附近的泽西有多节点轴线（multinodal axis）的基本特点。

大泽西地区很重视几十年来复杂的、处于发展中的地区关系，由此我们知道大泽西区是首个以地区角度进行思维和规划的美国都市区，始于 20 世纪 20 年代。盖尔抒情地描述了"通勤因缘"（the karma of commuting），道尽了从纽约去新泽西的最根本现实：进曼哈顿，出曼哈顿，进郊区办公室和工业园区。这是泽西白天上班、晚上找乐的人描述曼哈顿社区最常用的简语，抵不过对帕特森、纽瓦克到蒙特克莱、莫里斯顿的描述丰富。这里是上班族实实在在的居住区。

作者也没有放过大泽西区轴线上的"内在"文化。腐败政治和黑帮也的确存在于泽西某些地区。盖尔把曼哈顿-北泽西轴线称为根深蒂固的"心气"（state of mind）。这好像对想首次通过音乐家西纳特拉和斯普林斯廷了解这个地区的人们很恰当。北泽西也许处于阴影中，但拥有自己的想象和文化标准。也许这本书将鼓励人们跨过哈得孙娱乐区域去投资。而丹尼斯·盖尔将是一位合适的、了解全面的向导。

前　言

第三个千年纪刚开始没几个月，2001年9月11日的悲剧就发生了。我是初来乍到的新泽西人，2000年夏天担任了罗格斯大学纽瓦克校区新成立的都市研究中心主任。相比于大纽约地区我微不足道，那是一位拥有2100万人口和1600个政府的巨人。处于历史上具有重大意义的转折点，洞察辉煌又令人迷惑的地区复杂性是一个挑战。新政党政权控制了国家首都，民族经济下滑，美国人对恐怖袭击充满担忧。长期在美国城市各地进行学习，我意识到现在是调查新家乡的最佳时机。

很偶然，2002年城市协会年会让我有机会接触到朱迪思·马丁博士和宾夕法尼亚大学出版社。他们新构思的"美国大都市区肖像丛书"是一个很完美的规划，可以对区域进行一次设想广泛的研究。我们知道大纽约地区的人口超过了除加利福尼亚州以外的所有州，我和朱迪思认为我的研究最好集中在比较小的一个区域，也就是我所命名的"曼哈顿－北泽西轴线"。这样做并不意味着轴线就是大纽约地区的走向。但我相信对曼哈顿和纽约其他自治区之间关系的类似研究，或与纽约或康涅狄格州郊区之间关系的类似研究会产生相似的见解。地区内的相似性一直是我研究的方向，我所认为的北泽西生活的不寻常之处，如果不是独一无＿，同样是我研究的方向，它与美国都市区同类生活相比较程度不一。

我感谢明尼苏达大学的朱迪思·马丁博士所给予的支持、见地和编辑技术，感谢宾夕法尼亚大学出版社的历史编辑罗伯特·洛克哈特、精明能干的助手劳拉·米勒和副总编辑艾丽卡·金斯伯格，是他们给予了我各种支持。出乎我预料的是，丛书编辑朱迪思和我一起或开车或步行深入曼哈顿－北泽西的街道，提出了很好的见解和问题。哈得孙县的案例得到了艾伦·肖希克博士的帮助。她是顾问、作家和导师，2000年秋季带我第一次走进霍博肯和泽西城。我们两人谁都没有想到这个研究最终会取得成果。同样，2001年罗格斯大学的同事和朋友克莱门特·普莱斯博士领我走进纽瓦克，鼓励我做埃塞克斯县的案例调查。他得助于被公认为纽瓦克和新泽西历史权威的纽瓦克公共博物馆的查尔斯·卡明斯。

我感谢公共管理系和系主任马克·霍泽在整个调研和撰写阶段给予我的大力支持，感谢我的研究助理徐华（Xu Hua）不懈努力地通读拙著，准备图表。在研究的早期阶段我一直非正式地咨询罗格斯大学的几位同事，常常是在我的观察不确定和不成熟的时候打扰他们。

我特别感谢哥伦比亚大学的苏珊·费恩斯坦博士和亨特学院的威廉·米尔扎尔斯基博士，他们都参加了2002

年我组织的城市学会会议,会议讨论了大纽约区。作为长期居住于本地的居民,他们从个人角度和职业角度分享了观察和见解,虽然他们对最后的成书不承担任何责任,但对本书最初的成形起到了很大作用。很高兴本丛书首卷作者(都市波士顿)——麻省理工学院的小萨姆·巴斯·华纳博士出席了会议,萨姆的学识极大地影响了我对城市历史的兴趣,他对本项目给予了热情鼓励。

我感谢罗格斯联合图书馆提供了丰富的学术资源,特别是纽瓦克校区的达那图书馆。罗格斯大学出版社及时出版了由玛克辛·N·拉里和马克·马彭主编的2004年版《新泽西百科全书》。它是我意想不到的礼物,是我案头的必备参考书。我还未经允许采用了罗格斯大学伊格尔顿政治学院的民意测验,它是新泽西人的无价资源。最后我想说的是,我的研究还得益于区域期刊的新闻报道,特别是《明星记事报》和《纽约时报》。我深深感谢许多优秀的记者,他们对大纽约区公共事务的报道是无法估量的。我视他们为探索真理的共谋者。

开场白

进入野兽之腹

2003 年 10 月 2 日,火车于下午 4:20 驶出莫里斯顿火车站。我们前往曼哈顿。莫里斯顿位于纽瓦克和纽约市的西面,去宾夕法尼亚车站[①] 需要一个小时。如果是早高峰,成百上千的上班族赶往华尔街、麦迪森大街和市中心,满眼都是夹克、西装、领带、公文包。可现在是傍晚时分,上车的是成群的私立学校学生,用"神圣"的手机聊天,无视我们的存在。随处可以看到黑肤色的脸,也许是萨尔瓦多管家,也许是牙买加保姆,也许是危地马拉的庭园设计者。三位希伯来语学校的学生坐在一起,都戴着圆顶小帽。一位妇女牵着一条拉布拉多猎犬坐在我对面,她是当地院校的导盲犬训练师。一对中年夫妇沿着过道走,就坐在大学生中间,可能是退休的律师、休假的警察,最起码有一位是教授,好像在赶一个夜场或百老汇秀。

离开莫里斯顿中心,火车穿越女修道院站、麦迪森、查塔姆(Chatham)和萨米特(Summit)。从 19 世纪开

---

① 英文简称"PennStation"。——译者注

始，铁路为一代代的上班族服务，成为连接郊区到纽瓦克和曼哈顿的交通走廊。透过窗户，我看到成片的橡树、枫树、铃木和山毛榉。附近覆盖有茱萸、日本枫、沙果树、连翘、杜鹃花和杜鹃花灌木。这里的风景很舒适，好像自然随意地一抹，其随意性与园林设计者及周末园丁准确无误的目的性（unmistakable purposefulness）构成了和谐。成片的20世纪中期修建的房屋穿插在山坡上，有殖民期建筑、错层建筑和牧场，科德角（Cape Cod）小屋刻画出木质绿色的风景。

19世纪后期和20世纪初期，这个地区受到企业老板们的青睐，他们修建了大豪宅，漫山遍野地策马奔腾。离开纽约、纽瓦克等地，向西而去，与同样身份的人在社区内修建豪华院落。随着时间的推移，资产耗尽，子孙外移，税负加重，邻居多样化。早期工业时代的砖、石、木结构厦屋已成为今天的院校大厅、商务楼和公益机构总部。

穿过富人区，看到宜人紧凑的市区，底层商店里有古董、油画、雕塑、女装、鞋子、书籍、家具、五金和美容。上面是办公区，有律师、医生、投资经纪人、心理治疗师、精神病学社会工作者、家庭危机咨询师、整体疗法合作商、芳香疗法、普拉提、瑜伽。放眼四周，我看到这里模糊了人们需求和欲望之间的界线，什么都可得到满足。我还看到历史依然住在这里，有许多谨慎保护的不同时期的建筑、公园和纪念碑。但是这些城镇都没有特别虚狂。好像这里的人们也已经声明，拥挤危险的城市向东，蔓延无趣的分区向西。我还注意到在每个车站的19世纪气氛被20世纪的技术打乱。成排的小汽车、运动型多用途车、房车像胶水一样把生活和生计粘在一起。

火车进入肖特山，新泽西最特别的住宅区之一。这让我想起三天前也是这个时候，53岁的沃尔玛投资银行家失业了，迎着火车跪在了铁轨上。他自杀后，警察发现他七岁的儿子死在了卧室。孩子的母亲在曼哈顿工作。全家面临50万美元的房子丧失抵押品赎回权，债务总计约6万美元。我不明白，在这样的财富和特权中事情怎么会变得如此糟糕？剩余的旅途中强烈的对比随处可见，一方面是特权和成功，另一方面是挣扎和丧失。

火车接近梅普尔伍德镇和南奥兰治镇交界处，进入完全不同的地带。这些镇子看起来和刚才的差不多，但最大的不同是不显眼。这些镇子住着年轻的中产家庭和上中等家庭，挣钱的人都在曼哈顿、北泽西和中泽西工作。这些乡镇中心没有刚才的大，也没有刚才的富有，但35万美元以下的房子很少。过去这里住着犹太裔美国家庭、爱尔兰裔美国家庭、意大利裔美国家庭。今天，宗教和民族已不是明显的标志，人种、教育、性取向成为越来越明显的特点。担心白人迁移，这里的黑白种族公民联盟已经成立10多年，抵制抛售并建立种族信托。但是这里和北泽西其他几个镇的人们发现，居住在多种族社区并不能产生社会胶粘剂。梅普尔伍德镇和南奥兰治镇的种族摩擦罕见，人们习惯沿种族界线交往。

2000年，镇人口中大约有1/3的非裔美国人。不过，梅普尔伍德镇的黑人家庭都集中在镇的东边，靠近纽瓦克，那里房价相对较低。白人更多集中在镇的西部和中西区域，房价较高。白人家庭总在梅普尔伍德镇中心购物，而非洲裔美国人则更多在南奥兰治镇中心购物。虽然不管是不是白人，在经济不景气时日子都不好过，但常感到的不安是，黑人的经济安全感要比白人小很多。同时，同性恋夫妻带着孩子住进社区，越来越多的彩虹旗在门厅飘舞，增加了梅普尔伍德镇的自由性。就是在这样的乡镇，平等的最高信条经受了考验。

再过几分钟火车就要离开南奥兰治镇，风景突然变了。我们已经进入奥兰治镇，前方就是东奥兰治镇和纽瓦克。这时只有非裔人上车，根本没有白人下车。这些社区形成另一种生活带，太多的贫穷、犯罪和失望。刚才几英里还是自然的温柔之手，现在已变成粗糙暴戾的沥青、水泥和破旧砖块。基督教堂、犹太教堂、图书馆、市政厅、银行尽管还在，但曾经繁荣社区的标志退化了。这里的领地不是由栅栏或警戒栅栏定义，而是由生锈的链条和闪闪发光的剃须刀、螺钉定义。肮脏的公寓建筑厚颜无耻地和褪色的木板房挤在一起。许多住户试图立起自己的门户，但是面对邻家的黑窗和四处堆放的垃圾无可奈何。

当太阳角度正好时，碎玻璃和废弃金属在破旧的人行道和没有草的地面闪光。火车呼啸而过垃圾场，堆积着昨日抛弃的压扁了的汽车残留物。到处散落的小办公楼挂着大招牌，乞求过路人租赁空房。几家商店茫然地盯着街道，里边被随处可见的百叶窗挡着。无业年轻人三五成群地聚集在街角、废弃的临街房、公交车候车厅。丢弃的饮料、快餐包装乱扔在人行道、排水沟和院子里。几乎所有的立面都被五颜六色地涂鸦，或随意画或有一定的几何形状，眼睛不好就无法辨认。这些画放在那里是要表明某帮人的地盘？或许是颓废青年在无声地宣布"我存在"。

尽管问题重重，这些破败的街道比看起来更积极向上。生活区和活动区主要位于奥兰治镇、东奥兰治镇和纽瓦克。人们在街上问候自如，面对严酷的环境仍然笑容满面。几乎每个街区都演出小剧，人们笑着，打手势，转眼珠，人类尊严的所有精气神在舞台上抑制了晦暗，在这里许多人的希望就是能做个小表演。穿过行驶的火车车窗，有一件事无法明白，这些社区每天都有小批的男女英雄无私地为公众、宗教和慈善努力工作。

不管旅途有多少次，我都惊叹于这种对照，我前面看到的和我后面看到的泾渭分明。刚才我看到的一切都掌握在自己手里，每个人都能致力于环境。然而现在，情况完全不同。生活在贫民区被不可预知、不可解释、不可回避所包围。在富人区自杀是因为期望值太高，在这里死亡或许来自无望之手。

离开纽瓦克经典的复古车站继续向东。向下方看，我看到城市古老的百老汇大街，曾经挤满有轨电车、行人、购物者，熙熙攘攘的店铺，现在充其量是一条多车道的高速路，接送郊区工人来市里上下班。远处我看到具有历史意义的华盛顿公园和军人公园，今天他们存在的意义是，提醒新英格兰风格的百姓他们曾经在这里居住过。商店在许多破旧建筑的底层挣扎，被上层没有灯光的窗户压着。不时在修葺过的旧办公楼露出一丝乐观，为市政厅生产出迫切需要的税收。

在此中间，出现了城市潇洒的表演艺术中心。具有讽刺意义但又值得骄傲的是，很多人明白纽瓦克大肆吹嘘的复兴开始了。不远处，乙级棒球联赛园在努力吸引观众买单。到处有漂亮的教堂尖顶或圆顶刺破天际线，一度辉煌的商业大楼等待拯救。民间组织、商务组织、教育组织、宗教组织都年复一年信心满满地推动城市的发展。

火车继续向东跨过黑污的、死气沉沉的帕塞伊克河。和纽瓦克一样，临近的镇子曾经是剥削别人、瞧不起别人、响当当的工业基地。今天空荡荡的作坊、厂房、仓库就是这些镇子的全部。河两岸曾经建有公司，生产塑料、油漆、天然气、汽油、碱、电子产品和格雷化学品。之后几十年饱受污染，工业烟雾、汽油箱、铁路侧线、接线盒、水泥库、电子转换器、木箱子、空中乱七八糟的电线，就连土地都铺满烟灰、煤渣和灰尘。成堆的工业垃圾到处可见。

很快我们从荒地驶入湿地。泽西草地曾经是通往曼哈顿的原始通道，后来蔓延堆积成仓库岛、停车场、废胎堆、捡捞金属废料场地、水泥铁路轨枕堆。感谢歹徒的慷慨供应，人体残留物也堆积在此地。比如，1929年一个夏天的晚上，一名叫作欧根·莫兰的步兵不幸遇到曼哈顿歹徒安诺德·罗斯坦，被击中了头部，尸体就在帕卡德焚烧场。[1] 最臭名昭著的住院尸体解剖也许是已故工党领袖吉米·霍法，传说他的尸体安葬在梅多兰兹某个地方的最后一个静息地。[2] 虽然可以看到人体残余，但活人的痕迹也随处可见。新泽西中转站和 PATH 的所有车辆停在这里。纽约辉煌的宾夕法尼亚复古车站的巨大柱子在 20 世纪 60 年代以发展的名义被拆除，就埋在某个地方。[3] 有着大财团名字的工厂一度在这个肮脏环境中辉煌过：谢尔曼·威廉、本杰明·摩尔、亚什兰、盖蒂、孟山都和戴尔蒙德·阿尔卡利。他们什么都制造，汽车、卫生球、油漆、纸牌游戏、木馏油、石油产品、爽身粉、石膏墙板、煤气、铬、和水银。[4]

在火车的北侧我看见了 I-280 公路，车道上满是从曼哈顿回家的工人们，回到上百个北泽西社区。我们从新泽西公路（Turnpike）下方穿过，它已有半个世纪的历史。联想到罗马的高架渠，高耸的码头和水泥路基像蛇一样蜿蜒盘曲向远方。南边是普拉斯基高架路，钢架在长达 3 英里的路段连接纽瓦克、泽西城、荷兰隧道和曼哈顿。1932 年开通，犹如一架普通钢桥无限延伸，下面是海一样的香蒲和成队的麝鼠。

火车越过哈肯萨克河。正北出现了看上去不可能出现的岩浆岩丘，人们随便称之为小蛇山，山上立着布罗莫－塞尔策和可口可乐的广告牌。这个地段按规划是建公园，但几年前这里的环境只适合开办不受人待见的教养所、救济院、精神病院和养老院。[5] 再往东，我们经过漆黑的礁湖，边上都是厚厚的沙丘芦苇，抽了穗的芦苇成了北泽西的《琥珀麦浪》(Amber Waves of Grain)。①,6 浑浊的海水里到处散落着废弃的车体和橡胶车胎。和往常一样，我在寻找我的朋友白鹭。鸟儿白天会浮出来觅食，它雪白的羽毛是对沼泽地无色背景的宣战。今天很幸运。白鹭正在觅食，水鸟在污水中哪怕能多挺过一天，我都会感到宽慰。我看它精神不怎么好，纳闷沼泽地只有它？是否还有别的同伴？

火车行驶着，很快看到了无数的拖拉机拖车和送货车成批地停在大面积的沥青路面上，证明分区有吞噬货物的无限欲望。它们停在那里就是要满足大纽约区无法满足的愿望。我看到窗外有山一样的垃圾改变了原本平坦的地景。这些地形异物被小草和小树包裹着，覆盖着数百万顿的咖啡渣、蛋壳、罐头桶、橘子皮、鸡骨头、黑塑料袋、报纸、破冰箱、剩余游侠(remaindered rangers)。每个丘包像工厂一样生产沼气、废物流，再被细菌慢慢地腐烂为湿地。7 数十年前，这些人造山不断地被点燃，散发出的浓烟遮盖了蓝天，表明了当地居民对梅多兰兹袖手旁观。

虽然倾倒垃圾基本上停止了，但梅多兰兹被蹂躏奴役的状态没有停止，令人瞬间晕过去。远处我瞧见一家一流的焚烧厂秘密地吐出羽毛般的白烟，但经过高科技处理后几乎看不到了。我想，过去北泽西冒烟是在生产。而今却

---

① 《琥珀麦浪》是一首英文歌，也是一本画册。——译者注

很有可能是在处理世界各地生产的东西。

火车灯灭了一会儿，因为发动机从柴油转成电力了，这是我们进入哈得孙河隧道的信号。在右侧我看到了霍博肯和泽西城的天际线，工业时代的衰败与后现代重生的离奇混合。我们驶过玄武岩栅栏，从尤宁城和威霍肯下边穿过，调整角度向下到哈得孙河底。头顶上流淌着河艇、拖船、游艇、多氯化联苯、甚至鲈鱼！我不知道在这个日子别的乘客是否会有噩梦，自从2001年9月11日起就困扰着我：恐怖分子的炸弹爆炸了，喊叫、火光、烟雾，然后一片漆黑，数百万加仑的河水冲进火车。为了分散我的注意力，我去想100年前的事，那时人们不可能在河下面穿行，昨天的技术奇迹今天随手可触。

过了几分钟火车就到达宾夕法尼亚车站。我们涌向月台，上了昏昏欲睡的电梯，走进主厅。现在是高峰期，回家族兜来兜去，比肩接踵，等自己的车次。我茫然四望，强行穿过人群，进了卫生间，想起关于宾夕法尼亚车站一个很有讽刺意义的故事，我很喜欢这个故事。几年前，政府开始把交响乐和协奏曲引入大厅。研究表明罪犯听了小夜曲后喜欢上了莫扎特、海登和勃拉姆斯，故意破坏公共财物和流浪的现象都大大降低（更多的现代作曲家没有演奏，我怀疑如果喜欢德彪西、肖斯塔科维奇和格拉费会加重小偷和暴露狂）。排队等着走进臭气冲天的卫生间，我惊奇地发现排便和海登的降E大调小号协奏曲是多么超级不协调，你得紧挨流浪者站着，或许紧挨着广告商、私家侦探、供暖或空调机械工、便衣牧师。

  我继续赶往地铁站，一拐弯焦急的上班族洪水般迎面涌米。旋转门如水闸，我躲到右边抓住花墙，洪水从身边冲过。有的人目光恐慌，害怕错过回家的火车。我像一条四肢张开的大马哈鱼逆流而游，希望不被冲走。一上地铁，我一动不动地站着，只想尊重周围人的个人空间。快6点了，车厢满了，乘客非同寻常地文明。再过15分钟我就到目的地了。

  我希望上述内容能让读者感觉到我住在大纽约区的魅力。在随后的章节里我努力描绘分区肖像，围绕"被分割的版图（divided dominion）"主题。当都市化美国的中心城市和郊区普遍出现矛盾和裂痕时，我觉得曼哈顿和北泽西的历史与当代关系会是一个特别的案例。北泽西作为北美人口众多的中心城市和都市区域的一个地区，基本被纽约城的全球性巨像遮蔽了。即使新泽西在调整经济、政治、文化的不平衡中做出重要决策，曼哈顿组织机构的统治性引发了北泽西为意象、身份、社会凝聚力而奋斗的斗争。另外，历史上北泽西包容多种族、多民族、多宗教、多文化团体，这一幕今天发生在空间和资源激剧下降的情景中。州政府和地方政府几十年来对发展的回应进一步挫败了分区的身份感和凝聚力。我探讨的问题有跨哈得孙冲突的管理、庞大的人口密度和多样性的压力、增长和开发的影响、地方政府的微型化。还探讨以纽约为基础的大众媒体和职业性体育产业对北泽西身份的侵害性影响，以及集团犯罪和官员行为不端对民众自豪感和信任的不良影响。

第1章

双州权力经纪

浩如烟海的书籍、文章、电影让美国和世界各地的人们熟悉了纽约。纽约也许是地球上最知名的城市。也许有1亿多人对哥谭镇有些认知。但实际上哥谭镇是曼哈顿的一个自治镇、大纽约区的中心，这是大部分人所熟悉的。纽约其他自治镇还有布鲁克林、皇后区、布朗克斯、斯塔腾岛，虽然也是这座伟大城市的一部分，但显然知名度低。跨过哈得孙河，北泽西最近的县区像这四个镇一样是曼哈顿郊区的第一层。纽约州、康尼狄格州、新泽西州的外层县环绕着内环社区（地图1）。本书聚焦曼哈顿和北泽西的县区，我为此取名大纽约区的"曼哈顿－北泽西轴线"。我会进一步区别北泽西县区的内层和外层。

新泽西州按照国家标准计算很小。在50个州中面积排第46位，与邻近的纽约州和宾夕法尼亚州相比微不足道。但是2000年新泽西的人口（超过840万）在全国排名第九。[1] 在50个州中人口密度最大，新泽西几乎完全处在纽约和费城都市区之间。受到大邻居的挤压，新泽

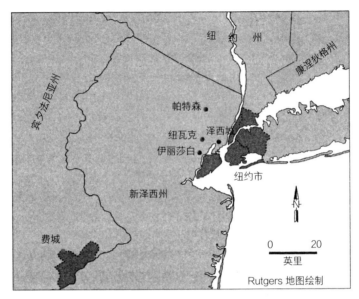

地图1 大纽约区包括纽约州的部分地区、康涅狄格州和新泽西州。北泽西位于纽约城和费城之间(黑影部分),包括纽瓦克、泽西城、帕特森和伊丽莎白

西在地图上很容易被忽略,也许是摇摇摆摆的形状看上去谨小慎微、优柔寡断。[2] 事实上,花园州①的地位具有战略意义,各种交通走廊每年输送数百万人们和产品穿越美国东北部。其中有每天在曼哈顿-北泽西之间的上班族。

高度渗透的地界

每个周日,成千上万的工人横跨哈得孙河,大多数赶

---

① 花园州是新泽西的别称——译者注.

往华尔街、市中心、时报广场或其他公司所属地。虽然一些新泽西人在斯塔腾岛或其他自治镇工作，但其中有30多万每天往返曼哈顿。[3] 但是过去30年的郊区化，加之高速公路、铁路和城际公交服务的增加，纽约的通勤棚已经扩展到北泽西、中泽西和宾夕法尼亚州东部。有些人上下班开车或乘公交穿过乔治·华盛顿大桥、林肯隧道、荷兰隧道（地图2），有些人乘坐新泽西运输车或PATH火车穿过哈得孙河底，还有一小部分人乘坐渡船离开北泽西港口。大多数人在金融、保险、房地产、健康、法律、广告、表演艺术、教育、服装或政府部门工作，或做主管或有专业职位。还有人就职于基础服务机构，例如：零售商、公寓或酒店门卫、保安或出租车、卡车、厢式货车、豪华轿车、公交车、火车、地铁司机。

在工作日夜晚、周末和节假日，上班族被许多从北泽西和中泽西来的旅游者所取代。十几岁、二十几岁的青少年被时报广场、上城东、下城东、SoHo等地区耀眼的灯光吸引。学校组团、家长带着孩子涌到帝国大厦、南街海港、麦迪森广场花园、勇敢的航空母舰、通往自由女神的游览船坞、埃利斯岛等地。有的参观曼哈顿的文化圣地：博物馆、美术馆、剧院。还有许多泽西人只是来逛逛，探亲访友，或在曼哈顿满大街的餐馆吃顿饭，观察行人。在这方面，他们和纽约城郊区、长岛或康涅狄格州的人没什么两样。

曼哈顿-泽西的人流比起泽西-曼哈顿少得多，但也在增加，特别是最近20年。曼哈顿人去北泽西好像主要是工作，特别是在高级行业工作，如生物技术、高等教育、金融保险。即使如此，北泽西社区还是吸引了一代又一代的曼哈顿人来定居。比如近 30 年来，曼哈顿和布鲁克林中产阶级街区的青年人迁到霍博肯和泽西城的高楼公寓。同性、异性夫妇移居到北泽西从前中产阶级和上层阶级居住的郊区，如恩格尔伍德、里奇菲尔德、蒙特克莱尔、格兰瑞奇、梅普尔伍德、南奥兰治、西奥兰治和威斯特菲尔德。寻找大房子以及学校条件好、安全性能高的镇子，这好像和北美其他地方住在郊区的城市居民没什么两样。许多人保留曼哈顿的工作，从北泽西通勤。但是积习难改，许多纽约老市民仍然保留双居民身份：脑袋里是泽西人，心里是移居的纽约人。

不过，对幸福家庭的追求也使得北泽西人向曼哈顿迁移。两个、三个、四个或更多的青年挤进年轻人居住的隔离区公寓，住在上城东、下城东、格林尼治村、东村或离哥伦比亚大学这样的机构不远的地方。空巢者在孩子们独立后离开郊区，逃离房屋维修和上下班的车马劳顿，搬到上城西、中城和炮台公园城（Battery Park City）的多种联合楼和独栋公寓楼。在岗和退休的一样，他们把新的闲暇时间花在曼哈顿无尽的乐趣、娱乐和文化胜景上。

大纽约区和东部大都市区

正如让·戈特曼在 40 多年前所指出的，大纽约区很大程度上是东北地区城市化的十字路口。那时，这个特大都市从南边的新罕布什尔州延伸到切萨皮克湾，囊括了九个州的部分地区，其中就有新泽西的全部。[4] 今天继续向北、南、西延伸。大纽约区一直是人口、经济、文化的中心。纽约大都市区凭借世界移民潮、信息技术和贸易更紧密地和全球经济相关联。因此，虽然大纽约区在物理概念上处于东部大都市区，并属于东部大都市区，但它以无数种相互依存的办法与全球大城市联结在了一起：香港、首尔、伦敦、巴黎、多伦多、里约热内卢等。[5]

虽然大都市区和全球的影响对了解大纽约区至关重要，但都市本身还是对认真研究提出了严峻的挑战。如果构成大纽约区的三个州成为拥有独立政府的一个州，那么 2000 年的 2100 万人就超过得克萨斯州，目前仅次于加利福尼亚的人口。但是大纽约区更加让人摸不着头脑的是庞大的人口密度和差异、精密交通走廊网以及政府管理横跨三个州 1600 个地方政府单位。虽然其他北美大都市也有类似的情况，如多伦多、墨西哥城、芝加哥、洛杉矶，但是都没能比得上大纽约区政治、经济、社会环境的复杂性。

北泽西和纽约的拿骚、维斯特切斯特县一样，与纽约城相邻。哈得孙河像一条纤细的水丝带把花园州和邻居放在唇齿相依的位置。结果，北泽西面临的双州问题比康涅狄格州南部的居民更大，有时需要政治介入，即使联邦政府不介入也要如此。虽然纽约城仍然维持着地区政治和经济平衡，但近30年来新泽西的发展在就业、收入、商业方面却多多少少降低了对这座城市的依赖。在某种程度上出于这些因素，近年来双州争论的谈判更多地持续围绕着有利于北泽西人的条款。在本章的后面我会讨论一些案例。

纽约城对北泽西生活的主要影响并不都源于政府行为，也许大都不是。随后的几章中我会提供三个案例，每个都有助于形成北泽西生活的文化模式，分别是地方新闻宣传、职业体育和集团犯罪。其他因素源于州本身。比如，北泽西庞大的人口密度、社会多样性、土地和资源下降，碎片化的地方政府结构，都是我探讨的课题。我认为这些方面挑战了分区在环境可持续和社会凝聚力方面的极限，即使强调新泽西人具有在极其紧张的有限空间包容大异的巨大能力。我的结论是不讨论与纽约城复杂的关系网就无法了解北泽西。虽然距离给北泽西人带来很大机会，但是也给北泽西人的内在身份带来了挑战。

双州冲突的产生

北泽西和曼哈顿之间的冲突很容易被认为是由20世纪早期实现的交通改革所致，汽车、桥梁、隧道的建设的确促进了哈得孙河两岸的交往。但事实上，曼哈顿－北泽西轴线的紧张状况可以追溯到17世纪。甚至在英国占领了新阿姆斯特丹并称之为纽约之后，冲突就没有停止。那时，今天的新泽西被分成两个省：东泽西和西泽西。纽约不承认东泽西港口城市珀斯安博伊的海关身份，因此不允许在这些口岸卸载国际货物。[6] 让局势更紧张的是皇家威胁要把东泽西（大致是今天的北泽西）合并到纽约。1702年英国女王重新把泽西的政府席位分配给纽约，两个省从此按照殖民地来统治叫作新泽西。但首任皇家总督爱德华·康伯里勋爵戴假发，化妆，有时身穿女服出现在公共场合。由于领导能力，他在激发泽西人的信念方面没有建树。[7] 后来，纽约得到对斯塔滕岛的统治权，完全没有注意到距离泽西海岸线只有几百码，距离纽约却是两英里多的事实。在革命战争时期，纽约被英国占领，新泽西成为最近的战场。[8] 新泽西曾一度被英国军队占领，当时乔治·华盛顿将军的大陆士兵和民兵并肩与敌人进行了多场大大小小的战斗。

独立和州地位给新泽西带来了政治主权。但是纽约依然是经济霸权。比如，纽约商人往往不接受新泽西印发的货币。另外，路经纽约城离开或到达新泽西的船只必须缴纳进港出港手续费。跨哈得孙河的冲突在革命战争后的辩论中再次点燃，直接导致了大妥协（Great Compromise）。[9] 然而在1789年，当年轻的国会决定纽约成为美国新政府的临时所在地时，纽约再次称霸。[10]

哈得孙河两岸之间的不信任持续到19世纪。美国法学的标志性法律案例之一就产生于纽约立法机构在1809～1811年之间采取的一系列行动。这些措施让罗伯特·富尔顿及其合伙人拥有了对北泽西－纽约汽船摆渡的垄断权。为了报复,新泽西立法给予艾伦·奥格登上校同样的垄断权。1823年,美国最高法院在吉本斯诉奥格登案(Gibbons v. Ogden)中裁决,联邦政府、而不是州政府,有权规范州之间的商务。[11] 两个州都发给摆渡许可证。这样,双州的冲突不是由州自己调停,而是由联邦政府作为中间人调停。这并不是最后一次两个州寻求更高当局解决纠纷。

随着19世纪铁路开通,新泽西成为乘客和货物运往曼哈顿、费城等的关键运输走廊。两个州的商人和政府官员都发现尽可能少地干扰乘客和货物等的运输对他们有利。越来越大的商业纽带网为两个州的合作带来了更大的推动力。[12] 比如纽约的银行家和律师解决新泽西良好的农业社区、采矿社区、船运社区内商人和地主之间的复杂纠纷。纽约投资家买下北泽西的财产并在新企业享有股份。比如,1804年亚历山大·汉密尔顿牵头合资在北泽西建立了港口城市,从新泽西立法机构获批对土地的垄断权和总督权。商人汉密尔顿的死中断了企业,但泽西城却不可避免地在这里复活,成为州级的主要港口。[13] 这样,面对短期内重大的双州冲突,互赢的经济合作在曼哈顿和北泽西的关系中起着决定性作用。

港务局与双州权利经纪

到20世纪初,纽约和北泽西港口在全国名列前茅。

两个州的领导人认为有必要进行良性合作。1921年，双州立法机构和美国国会建立了纽约港务局。港务局获权监管港口活动，范围包括纽约城的五个区、纽瓦克、泽西城以及北泽西的几个社区。[14] 即使港务局在初期权力有限，却成为辩论平台，允许两个州对相互关心的政治和经济问题发表见解。港务局领导很快确定了专家身份，在工程、规划、金融等技术领域保持政治中立。这样的性质确保港务局成为大纽约区经济发展的主要动力。但港务局一直没有停止与哈得孙河两岸顽固的利己主义斗争，其中有狭隘的政客、顽固的铁路主等。[15] 再者，由于总部在曼哈顿，组织机构辩驳指控：董事会和职员倾向纽约享有特权。

港务局存在了80多年，大大促进了北泽西和纽约城的交通和经济发展。1908年，北泽西和纽约城之间铺设了地铁隧道，破坏了哈得孙河，但汽车只能靠摆渡。[16] 20世纪20年代晚期和30年代早期，港务局建了三座跨桥：哈得孙县的巴约讷大桥、尤宁县的哥德尔桥、米德尔赛克斯县的跨海大桥，全部连接北泽西和斯塔腾岛。[17]

曼哈顿和北泽西的首条运输连接是荷兰隧道，1927年开通（地图2）。由一个双州临时机构修建，1931年所有权转交港务局。[18] 也许港务局初期的签字方案是乔治·华盛顿桥，1931年开通，连接利堡、新泽西、北曼哈顿。[19] 19世纪中城曼哈顿、威霍肯、新泽西是在1938年林肯隧道开通后才连接的。[20] 一战后自动化自主权剧增，新走廊把纽约城和北泽西交织在一起，彻底改变了他们之

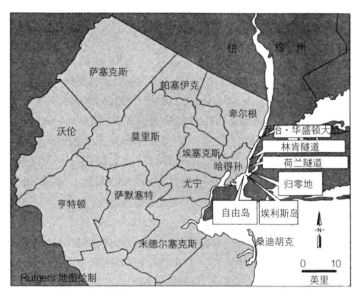

地图 2 卑尔根、埃塞克斯、哈得孙、帕塞伊克、尤宁几个县区构成内北泽西，是 20 世纪新泽西州主要的发展区域。其他县区或外北泽西，19 世纪 70 年代后发展非常快

间关系和彼此利益的紧张度。[21] 不管表面影响是什么，内在的现实是曼哈顿和北泽西谁也离不了谁。因此，当大萧条和新政来临时，强大的哈得孙不再人为妨碍商业和人际交往。之后越来越具有风景特色，尽管地理政治含义模糊不清、麻烦不断。通过双州的权力经纪，障碍已经渗透，两个政体的未来交织在一起。

二战后，港务局是造福于双州的交通和经济开发工程的主要建造者和经营者，依此继续扩大权力。比如，1945年和1952年林肯隧道增加了水下通道。[22] 1947年港务局机构确定三个主要机场和纽瓦克海港，极大地扩大了空运和水运的能力和效率。[23] 1950 年港务局汽车总站在曼哈顿市中心开通，改进了曼哈顿－北泽西的公共交通枢纽。[24]到 20 世纪中叶，曼哈顿和北泽西连接在一起。——即使心或脑子没有连在一起——但屁股连在了一起。

然而，20 世纪六七十年代，港务局的职责开始转变。战后几年北泽西郊区发展很快，促进了到纽约的通勤。许多上班族是生育高峰期出生的，他们离开曼哈顿是因为曼哈顿的犯罪率高、环境恶劣、住房费用高，现在他们在北泽西郊区成家立业。花园州不仅吸引哥谭镇人，也使得郊区居民容易去曼哈顿上班。从 20 世纪 50 年代到 70 年代，州政府开通了几条超高速公路，北泽西四面八方都与地区市场、国家市场供给站连接（地图 4）。这些走廊方便企业在北泽西交通枢纽附近开业，它们既享受到纽约的交通便利，又避免了高消费和保留纽约地址的不便。特别是在 60 年代后期和 70 年代，由于城市的金融危机、犯罪和安全问题、办公空间高费用和高额税，许多企业离开曼哈顿迁往南康涅狄格、纽约城郊和北泽西。[25] 这样，北泽西的身份扩展为城郊宿舍区（bedroom suburb）、纽约熟练工来源地、交通走廊办公扩展地。曼哈顿企业和政治社区的许多人感到这股潮流具有威胁。也许不是巧合，港务局坚定地倾向于纽约经济的霸权地位，压力之下帮助纽约恢复下滑的经济。就是在这种气候下，港务局在 60 年代宣布计划建高楼，就是后来的世贸中心。

直到这时，港务局一直支持地区交通和经济发展。几乎无人认为建办公楼是机构的职责。另外，提出建两座世界最高办公楼，而不是一座的建议受到了批评，被认为是疯了、脑子进水了。规划在逐渐具体化，新泽西政界出现了反对意见。经过大量辩论，工程通过了谈判，结果是给予补偿，要求港务局接管一条未定的私有铁路，途经哈得孙河隧道连接北泽西和曼哈顿。[26] 由此诞生了港务局跨哈得孙公司，或者 PATH，一条高体量的铁路中转线，为成千上万的北泽西上班族提供了去曼哈顿的便利。[27] 进一步显示了双州自认为权力不平衡的局面在逐渐转变，更有利于北泽西的未来。

另外一个地区开发冲突的案例结果不同，再次表明新泽西在港务局决策中的强硬态度。大纽约区对空运需求越来越大，港务局在 20 世纪 50 年代开始在北泽西的大面积湿地新建地区机场。居民的反对引起地方官员出面抵制，最后废止了这项工程。[28] 这项工程发出信号，大规模区域经济发展工程时代就要过去了，这项被废止的工程促使港务局改变领导方式和发展方向。[29] 可以证明地区利益在转变的案例是新泽西在 1972 年成功请求重新命名机构为纽约新泽西港务局。虽然许多人会觉得新泽西需要纽约的程度高于哥谭镇对花园州的需求，但是改名对于后者来说是象征性的胜利。新泽西人可以庆祝的是现在联姻双方的名字都最终写在结婚证上了。

同时，到 20 世纪 60 年代让全国社区不堪的城市危机在北泽西的城市也全面爆发了，比如帕特森、伊丽莎白、泽西城、霍博肯、纽瓦克、纽约城（地图1），无一幸免于衰落的经济状况和恶化的物质性基础设施。贫穷、犯罪，以及中产阶级家庭和企业机构的外迁削弱了城市的活力。州政府和地方政府官员陷于资源短缺的困境，又由于70年代联邦政府缩减资助，迫使港务局在地方经济发展中发挥更直接的作用。泽西官员质问港务局为什么能在曼哈顿建110层的双子楼，而不在纽瓦克这样的小城市投资修建小型的办公楼。虽然修建世贸中心的部分原因是做港务局总部，但是也有打算为地区、国家和国际市场提供空间。工程的合理性在北泽西官员那里不存在，由于发展策略涉及面广带来了压力，港务局在80年代后期不得不同意资助纽瓦克建办公楼。[30] 有了这个先例，新泽西地方行政施压港务局为地区发展建银行。银行得到港务局财政收入公积金资助，授权在两个州开建工程，由此重新修订了港务局之前的定义：为地区谋利益。银行敞开大门，接受纽约州长、新泽西州长以及地方官员的更大影响。另外，这件事似乎象征着港务局不再插手大规模的地方性工程。[31] 最近几年港务局到处建小工程，如双州郊区的资源恢复设施、地方工业园区、商业园区、卫星通信中心。

到了20世纪90年代，港务局的公共身份已经改变，英雄性建造比例的角色降低，平凡的角色增加，扮演双州地主角色，控制桥梁、隧道、交通系统、几百万平方英尺的办公室和商业空间。港务局经过时间磨炼，失去了最初对政治不感兴趣的技术核心专业人士渗透的组织文化，不得不调整适应风云变幻的政治气候。当时由于土地缺乏、对环境的持续关注、民间排外主义抵制，宏大的工程项目很明显都得下马，新泽西政客说服港务局投资更多资源经营政治和公共关系场所。

2001 年 9 月 11 日

虽然港务局的权力平衡还是离纽约较近，离新泽西较远，但支点还是略有变化。比如，港务局董事会的六个成员现在由州长指定，由众议院在指定时间内批准。最近的董事会例会决定权力进一步分享，允许新泽西选举董事会主席，纽约选定执行董事。虽然过去的 15 年间出现过各种各样的事情，但都比不上世贸中心 [现在叫作归零地（Ground Zero）] 被毁坏后的局面（地图 2）。

结果很有讽刺意义，但可以帮助我们回想起一些事实。第一，新泽西官员反对双子楼工程，认为设计很差。第二，一旦建成，双子楼和附近的发展就成为北泽西和中泽西上班族的主要就业地（的确，2001 年 9 月 11 日世贸中心灾难中 2749 名遇难者中 23% 来自新泽西）。[32] 第三，虽然最开始争论很大，但双子楼可以说已经成为纽约地区的定义性符号形象。在 20 世纪 90 年代之前世界上没有任何城市拥有高达 110 层的双子楼。大纽约区的数百万人，包括许多北泽西人，在双子楼的象征主义中找到了城市自豪感。更具有讽刺意义的是，新泽西官方反对的丑小鸭变成了为许多北泽西人谋福利的翱翔的鹰。在2001年恐怖袭击曼哈顿之后，政治气候又一次发生变化。港务局37名警官遇难，其他职员47人遇难，机构总部遭到破坏，引起了公众对组织的极度同情。港务局为恢复交通、更新关键记录和基础设施、重组高水平的职员做出不朽努力，始终慈悲于灾难造成的人员伤亡，港务局处在充满同情的地区氛围中。显然，这场把本地区引入21世纪的灾难性事件改变了港务局组织的特性。

尽管70年代以来港务局的决策比较强悍，新泽西官方还是有选择地提出自己的意见，讨论归零地的重建。新泽西州长表现极大的抑制，只主张为遇难者建纪念碑、恢复泽西城和归零地之间的PATH火车。而纽约领导层如州长乔治·帕塔基和市长迈克尔·布隆伯格为制定最后的再发展规划一直和许多利益体竞争。新泽西相对安静也许是政治同情的得体表现。或者，也许是一种为未来谋取回报的投资，将来新泽西在自家后院启动工程时需要得到港务局的支持。

双州冲突与合作

虽然解决大纽约区的双州分歧构建合作一直是港务局最初的地区根本，但也有力所不及的时候，许多问题超过了其管辖范围。为政府之间的合作协同创建双州和三州论坛的努力以失败而告终。其中一个案例是命运不济的大都市地区性议会,曾在 1956～1976 年之间召集大纽约区的领导们讨论地区问题,之后解散了。[33] 同时,跨哈得孙争辩持续带给两个州伤害。最近的三起案例涉及历史、名誉、经济发展、税收政策。当然所有这些的基础是钱。

整个 20 世纪 90 年代纽约和新泽西卷入埃利斯岛大混战,是美国移民的哈得孙河圣地(地图 2)。曾经归纽约城,后来在 1808 年卖给美国政府。这个问题困扰了双州关系好多年,引发了谁在大面积的埃利斯岛问题上对联邦政府持有顾问权,是纽约还是新泽西。双州的领导都想鼓励旅游开发小岛。他们也想得到与历史遗址相关的荣誉和宣传权。埃利斯岛位于哈得孙河州界新泽西这一侧,面积 27.5 英亩,距离曼哈顿南端 1 英里,距离泽西城只 1300 英尺。[34] 但在 1843 年分界线确定时,纽约一直把持所有的权利,而新泽西声称对周围水域和水下区域有管辖权。这个问题在 1898～1905 年之间,进一步复杂化当时原岛扩大了几英亩的路基。经过几年的司法运作、讨价还价后,问题由美国最高法院受理。

《纽约时报》激动地发表社论,认为把顾问权一劈两半分给两个州"是对敏感性保护(sensitive preservation)的不公平和威胁"。[35]《纽约时报》还说,19 世纪和 20 世纪早期到达埃利斯岛的移民把埃利斯岛和纽约连在一起,而没有和新泽西连在一起,所以支持哥谭镇的统治权诉求。[36] 新泽西的读者认为《纽约时报》之所以叫"纽约时报"不是白叫的。虽然被认为是全国性报纸或国际性报纸,但有人认为《纽约时报》的表现在哥谭镇问题上一直有潜在的地方色彩。

但是，1998年最高法院批准新泽西对岛南端24.2英亩拥有正当的顾问权，这部分从路基开始，有约30座废弃的建筑。规定纽约对原来的3.3英亩保持顾问身份，这里坐落着埃利斯岛移民博物馆和大会堂。[37]

最近还有一个双州争论，是关于曼哈顿和北泽西就大规模房地产开发引发的白热化竞争。20世纪大多数时间，曼哈顿的办公区最大限度地集中在大纽约区。但是70年代郊区化加速，许多公司把总部和附属办公室建在外围的长岛、康涅狄格和新泽西。公司和开发商通过寻求如减税等更大的刺激，熟练地让政府官员彼此对立（pit public officials against one another），作为州带来工作和税收比例的交换。1996年，凡是愿意迁入新泽西和在新泽西发展的公司，都得到新泽西提供的10年内80%的年纳税降低额。位于纽约的大公司当时就威胁要搬到郊区骗取相似的奖励。讨价达到了复杂的新高度。

比如，1997年纽约的标准普尔公司为了减税"买了"新泽西，交换条件是把总部搬到河对岸。结果新泽西时任州长克里斯蒂·惠特曼和纽约经济开发公司经理很快处于激烈对峙。标准普尔选择留在曼哈顿，但不是在从纽约市政厅提取3450万美元之前。在2003年初，新泽西承诺为同意扩大或迁入新泽西的280家公司提供7.1亿美元的资助。仅在泽西城，90年代建的8个办公楼利用了州政府的鼓励政策。像美林证券、摩根士丹利公司、摩根大通集团都租赁了办公空间。[38]

然而，州和地方的经济鼓励政策可能适得其反。高盛是一家国际投资银行，几十年总部都在曼哈顿。在90年代后期经济高峰期，没能在曼哈顿找到一个可接受的地址扩建办公区。银行在华尔街地区寻找机会，开始在河对岸建42层的办公楼（图20)，地址就在原高露洁牙膏制造厂，泽西城的河边。13亿美元的办公楼象征了城市在后工业期制造业向高服务中心的转变。泽西城由PATH火车和摆渡与曼哈顿相连，距离华尔街硅谷办公仅几分钟的时间。这次，新泽西为高盛提供的鼓励政策是10年1.6亿美元的减税额。

但故事并没有结束。2001年和2002年经济衰退时，公司的办公空间需要缩减，其他公司租借的需求也低于预期。更糟的是，高盛内部起了"是非"，"由不愿被抛到新泽西的商人挑起"。[39] 曼哈顿职员分散在9个办公楼，高盛决定迁一部分职员到新泽西，占地面积小，在曼哈顿下城再建一座楼。高盛的领导层利用联邦政府和州政府在曼哈顿下城重建归零区的新拨资助金，决定在曼哈顿哈得孙河边建最新的办公楼，直接和泽西城的办公楼相对。这个传说关注度异常高，于是当两岸的距离可以用英尺计算时，有人私下考虑要从附近的管辖权中抽取特许权获取利润。同样，政府和纳税人资助的鼓励政策对峙，强调对政府回馈的不确定性，而不是寻求合作性的区域共识消除自我毁灭机制。[40]

另一个跨哈得孙问题在 2000 年出现，涉及纽约通勤的收入税。这个税种在 60 年代中期到 90 年代后期征收过，当时纽约州的上班族依据立法免缴。悲催的是，康尼狄格和新泽西赢了诉讼，裁决此税不具备宪法性，因为不是针对所有上班族。由于不想再针对自己的市民征税，纽约州高层在 2000 年不情愿地废除了它，从而解放了新泽西和康尼狄格的上班族。2001 年 9 月 11 日之后，市长迈克尔·布隆伯格寻求补偿税收损失和缓慢的经济，提出一个新税种。他认为在纽约工作的人们和本地居民一样承担警察、卫生系统和交通服务的增值税。布隆伯格还认为一般上班者的收入远远超过普通居民的收入。新泽西政界表示反对，并暗示可能对在北泽西工作的纽约人报复性收税。由于纽约州长不积极支持，加之顽固的政客坚决反对，建议失败，至少目前是失败的。[41]

通勤税问题表明不是所有的双州跨哈得孙争论都基于为看得见的财产而竞争，有时是为了排除不必要的责任。还有一个案例是固体垃圾，长期以来引发了一系列问题，特别是当拥挤的纽约境内的垃圾处理站没剩几家的时候。20 世纪 80 年代，医用垃圾在北泽西和中泽西海边被冲走，威胁到可持续旅游经济。已经饱受工业污染的多沙城市意象的花园州，不允许破坏沿海地区的魅力。他们指责纽约城和制造麻烦的固体垃圾管理机构。新泽西人很担忧，于是州长出现在州电视台的广告中，向准备来新泽西海滩的游客保证海滩是干净的，安全的。另一个垃圾处理问题是当时宣布一项计划要把纽约城的固体垃圾转移到北泽西。新泽西环境保护主义者再一次迅速反应，迫使纽约撤回计划。[42]

2000年泽西海岸由于另一个固体垃圾混乱成为焦点。纽约把布鲁克林和皇后区清理出来的淤泥倾倒入距新泽西桑迪胡克不远的大洋（地图2）。这威胁到盖特国家娱乐区和泽西海滩。尽管早先阿尔·戈尔，当时的副总统出面调解出一份协议，纽约还是没有建立高地排除挖出的淤物。支持者认为新泽西建有这样的地址，纽约违背了协议。他们指控挖出物对环境造成危害，北泽西人受到的对待好像是他们再次成为纽约垃圾的倾倒场。

诸如此类的事情暴露出潜在的问题：大纽约区，特别是曼哈顿－北泽西轴线是经济互动区，受到多元政治的困扰。职员通勤模式、资本流、消费流、贸易流，甚至垃圾流——没有一样尊重管辖范围的界线。许多北泽西人需要曼哈顿的工作，需要曼哈顿的文化、消遣和娱乐。许多曼哈顿老板、商人、机构需要北泽西的工人、消费者和产品。像连体婴儿，纽约城和北泽西拥有共同的流通体系。它们被州界和哈得孙河分开更多是因为地理政治的历史偶然，而不是出于经济合理性、相互的利益或为便利所精打细算的决定。那时很平常的是哈得孙河两岸市、县、州官员之间的关系具有动态紧张的特点。[43]跨哈得孙冲突时有发生，但是好像发生的气候都标记着政治关系在诸多方面离开相互合作，走向相互排斥。

但是双州产生争议的条件最近几十年已经发生了改变。虽然花园州曾经遭受"长期隶属于"哥谭镇的苦。但今天在双州争议中态度坚决。[44] 在一定程度上，态度是通过政治代理阐述——新泽西政府官员雇佣大众媒体、司法部门、正轨机构、非正规在线的沟通进行慎重斗争，更好地影响结果。[45] 市场力的推动往往构成政治机构的基础，但是利益分享、公众意见、联邦政府和州政府之间权力受宪法保证的合法分割，确保在相对问题上最终都会有互相可以接受的解决方案。

这种动态紧张的第二个最显著特点也许自 17 世纪以来就没有停止过。但是，随着曼哈顿和北泽西在 20 世纪越来相互依存，它们之间的关系性质发生了改变。今天，领导层追求的不是要多有善意，彼此只希望不再有恶意。当曼哈顿和北泽西在经济上越来越相互依存时，找到政治上和经济上可接受的折中方案具有很重大的意义。虽然州与州之间的跨界争论（指望并包括战争）在全世界都爆发，纽约和北泽西说明了文明外交的价值，尽管经常一片狼藉。当然，在 350 年的更迭中有些还是要庆祝的。

第 2 章

在极端密度和差异中包容分歧

大纽约区一直公认为美国人口密度最大的都市区。[1] 但是在近 20 年,新泽西是全国 50 个州中人口密度最大的州。实际上,根据美国人口调查局的规定,新泽西整个陆地区域被归类到城市,实质上每个社区都列入州大都市统计区。美国在 2000 年的整个密度是每平方英里 80 人。相比之下,新泽西的密度(1134 人)是全国平均值的 14 倍,而且经常与这些国家放在一起比较,如韩国(1264 人)、荷兰(1220 人)。即使印度(897 人)、中国(354 人)这些地球上人口众多的国家,密度也比新泽西小很多。澳大利亚人口规模可以与新泽西比,但其密度是新泽西的 1/4(255 人)。假设北泽西郊区的密度仅仅和新泽西的整个密度类似,那就是美国密度最大的都市郊区之一。但北泽西的密度约是州里其他地区的 4 倍。北泽西哈得孙县(13044 人)也许是纽约城外全美人口密度最大的单位。[2]

这些数字说明人类社区的非凡强度,构成了北泽西曼哈顿郊区的生活特色。虽然大都市区需要付出比农村更大的努力才能得到居民的包容，但在北泽西生活和工作的人，以美国的条件要求更高。做一个分区的居民需要非同寻常的社交合作。拥挤的高速公路、密集停放的汽车、长长的零售结账队伍、超负荷使用的公园、面积更小的院子，只是表明北泽西亲密的生活方式。看重自由和独立的人们受到了特别的挑战。然而密度不是测量社会特性的唯一办法。想一想北泽西曼哈顿郊区那些令人眩晕的国籍、文化、种族、宗教。

19世纪之前的差异

正如人们通常联想到的拥挤和堵塞，新泽西普遍被认为是人口高度差异的地区。如果这是真的，北泽西就更是真的了。几个世纪以来新泽西的异质性就是身份标志。众所周知，在听到荷兰和英国语言的外国音调之前，伦尼勒纳佩人（the Lenni Lenape）就已经占领这里数千年了。欧洲人称之为特拉华印第安人，伦尼勒纳佩人讲阿尔贡金语。有打鱼的、狩猎的、采集的、种地的，荷兰人到达时部落或许已有几千人。大多数欧洲人声称土著人和殖民者的关系通常很和谐。但是，双方都记录了一些无耻行径：屠杀、囚禁、甚至奴役。据说有的荷兰殖民者特别剥削伦尼勒纳佩人，用酒精交易获取不明不白的土地所有权。[3]

即使伦尼勒纳佩人之间也有一定程度的差异。已经辨认出部落有三伙，其中最好战、最勇猛的是明思（Minsi）

或蒙西（Munsee），他们生活在今天的北泽西，图腾是狼，凶猛的象征；另外两伙的图腾是温顺的动物乌龟和火鸡（的确很有讽刺意义，今天的北泽西人多被描述为比通常表现的富有攻击性）。像新世界的其他地方一样，新来者带来了疾病、酒精、通婚，偶尔还有暴力，对自然的相对神圣和财产所有权问题持不同见解。由于技术和绝对的人数，欧洲人盛行探险。到18世纪末，伦尼勒纳佩人已经完全在新泽西这块土地上消失了，取代他们的是成千上万的欧洲人、欧洲人的后代，以及越来越多的非洲奴隶。

实际上，当时新来者数量不断增加，构成了新泽西这块土地上的第二波社会差异。历史学家理查德·麦考密克说，18世纪的新泽西很快变成"一个殖民地，其显著的标记是异质性，"[4] 东泽西殖民地（大约是今天的北泽西和大西洋海岸上游）当时居住的不仅有非洲奴隶及其后代，还有来自不同地区的移民"荷兰的、比利时的、芬兰的、法国的、德国的、爱尔兰的、苏格兰的、瑞典的、威尔士的、新英格兰的和英国的。"[5] 在人口稀疏的西泽西，英国贵格会信徒、瑞典人和芬兰人沿着特拉华河定居。即使同一个国籍，如荷兰人、芬兰人和瓦隆人也形成不同的亚团体。[6] 再有，18世纪之前黑人人口大部分是奴隶，来自西印度群岛、马达加斯加岛、安哥拉和其他西非殖民地。有的讲部落方言，有的讲欧洲语言。[7] 到革命战争结束之前，新泽西有11000名黑人奴隶，在北部州里数量属于最高的。[8] 虽然在原13州中英国移民数量最大，但是在新大陆殖民地中新泽西人口差异最大。

这种差异从民族血统一直延伸到宗教。到 17 世纪末，有几处新教徒宗教社区。其中有荷兰归正会、圣公会、浸礼会、清教徒、贵格会、苏格兰长老会。[9] 到 18 世纪中期，据估计有 40 个贵格会、30 个荷兰归正会、30 个浸礼会、20 个圣公会组织在新泽西成立，更不用说小团体的卫理公会和德国或瑞典的路德友会。[10]

麦考密克认为到 18 世纪新泽西已经体现出"极其差异，"[11] 1/2 的人口是英国血统，1/6 的人口是苏格兰、爱尔兰和威尔士血统。1/6 是荷兰血统，1/10 是德国血统，其余的居民主要是瑞典人和法国人。还有 1/20 是非洲血统，其中大部分是奴隶。[12] 促成丰富的民族和种族局面的是 18 世纪新泽西人口发展的速度。18 世纪初本州有 15000 人。到 1750 年就飙升到 60000 人，到革命前夕飙升到 120000 人。这些人口中有 60% 住在北部的七个县区，包括今天的北泽西。[13]

多元文化主义，名字叫北泽西

当 19 世纪美国移民潮到来时，民族和宗教差异也随之加剧。工业革命和美洲城市工厂劳动力的爆发使得新移民潮在纽约－新泽西地区最突出。埃利斯岛通常被认为和纽约有关，但实际上离新泽西更近，这使得有些城市如霍博肯、泽西城、纽瓦克、伊丽莎白和其他小镇成为民族、种族、宗教的马赛克。在 1850 ~ 1860 年之间,泽西城人口增长了 300%,纽瓦克增长了 100%,而巴约纳(Bayonne)和帕塞伊克分别增长了 140%。这几个地区和北泽西的其他地区是国家 19 世纪后期工业革命的中心。花园州的知名度既来自制造厂也来自收获水果蔬菜农场。到 1990 年新泽西 21 个县区中的 4 个——哈得孙、埃塞克斯、帕塞伊克——占有 1/4 的州人口。[14] 新泽西一半的外裔人口住在哈得孙、埃塞克斯、帕塞伊克县区,全州大部分的非本地人住在卑尔根、尤宁、米德尔赛克斯县区(地图 2)。除了卡姆登,所有这些县区都和北泽西连接。[15] 如此一来,在 19 世纪北泽西作为大纽约区的一部分,成为美国社会差异最大的地区之一。

21 世纪北泽西的差异

今天,新泽西人口仍然异常多样化。在 2001 年,差不多有 60000 名非本地人成为合法移民,2002 年是将近 58000 人。[16] 讲西班牙语的群体成为最新移民的主流,新泽西有 110 万的西班牙裔。其中波多黎各人最多,其次是道明会、墨西哥、哥伦比亚、古巴。再小点的族群有厄瓜多尔、秘鲁、尼加拉瓜、哥斯达黎加、萨尔瓦多。西班牙裔有至少 20 个民族,北部城市如纽瓦克、泽西城、伊丽莎白、帕特森、帕斯安博伊有大面积的拉丁裔社区。[17] 另外,大量移民来自亚洲次大陆、中东、东欧、非洲、加勒比岛,进一步丰富了北泽西的人口。

民族和种族差异导致了收入和阶级差异。最新研究调查了至少 50000 名居民中不同民族的收入。菲律宾家庭中值收入（median income）最高（80946 美元），其次是中国人（80518 美元）、印度人（75677 美元），最低的是多米尼克人（35980 美元）和波多黎各人（35630 美元）。[18] 正如这些数字所显示的，许多非本地人已经获得了中等或中上等的收入保障。因此新泽西传说中的差异甚至延伸到了社会阶层。

北泽西正在经历种族和民族组成的巨变，而至少目前纯人口下降的趋势在逆转，这让分区在 20 世纪大部分时间受到困扰。最新研究发现 2000～2002 年五个县包括北泽西，另加毗邻的米德尔赛克斯县，外移 95143 人，增加移民人口 102176 人，除去死亡的净出生人口 53000 人。[19] 但是，其得到的代价是失去了以前的白人家庭。有研究估计北泽西 2000～2002 年人口流失的主要原因是非西班牙裔人口在下降（-51425 人），主要由于死亡、迁移至其他州或新泽西别的地区。新增加的大多数（103848 人）是少数族群如黑人、亚裔和西班牙裔。[20]

但是新来的移民并不能完全说明北泽西的多样性。虽然死亡、搬迁、通婚多多少少减弱了主导性，但 19 世纪和 20 世纪早期起主导作用的欧洲移民后裔仍然还是一个新维度。美国人口普查调查了新泽西 1900～2000 年间几个血统的人口情况，[21] 意大利裔美国人仍然是最大的族群（1504000人），其次是爱尔兰美国人（1337000人）和德国裔美国人（1063000人）。然而声称自己是欧洲血统的新泽西人在1990～2000年间从680万下降到590万。德裔美国人下降幅度最大。虽然族群身份在新泽西，特别是在北泽西，社会作用很大，但同化力量一直和族群保护的力量处于动态紧张中。

北泽西的多样性是什么样，新泽西就是什么样，可能程度不同但种类一样。自从1971年以来，新泽西州每年的合法移民数就一直排在第五位，前四位是加利福尼亚州、纽约州、佛罗里达州和得克萨斯州。[22] 如果在别的州一点儿都不足为奇，因为在美国它们人口最多面积也最大。而新泽西州人口第九大面积第五小，合法移民的排名就不可不关注。[23] 我们同样不会忘记新泽西州和其他州一样，还有一定数量的非法或未注册移民。如果说新泽西，特别是北部县区，是北美最复杂的多元文化区一点也不为过。[24]

虽然许多种族、族群、宗教团体遭受歧视，但都达不到非裔美国人所经历的程度。2000年新泽西黑人占全州人口的13.6%，略比全国的12.3%高一点。[25] 非裔美国人全州哪里都有，但主要居住在城市，如帕特森、伊丽莎白、泽西城、特伦顿、卡姆登。大多集中在北泽西，2000年超过629000的非裔美国人占到五个县人口的近20%。其中北泽西黑人约327000（52%）居住在埃塞克斯县，主要在纽瓦克、奥兰治、东奥兰治和欧文顿（地图3），少部分居住在蒙特克莱郊区、梅普尔伍德、南奥兰治和西奥兰治。和其他大都市区一样，北泽西居民的种族隔离程度在全国研究中一直居高。[26] 还有，许多公立学校大都有种族隔离，黑人孩子和白人、亚裔、西班牙裔隔离开。虽然黑人已经成功地进入北泽西的老街区，但大多数还是集中在大一些的城市，遭受的贫穷和歧视是任何其他社会族群所不能比的。然而，仍然有许多升入中产阶级和上中产阶级，担任重要的职责，如政治领域、专业领域、技术领域、医疗领域、慈善领域、企业领域。非裔美国人为实现美国梦所抱有的希望比任何其他种族、族群都大。的确他们的精神就代表新泽西，特别是北泽西，是种族平等和社会正义的试金石。[27]

在蒙特克莱寻找正义社会

这场斗争进入白热化的地方就是北泽西的蒙特克莱镇（地图3）。17世纪后期和18世纪荷兰人和英国人在这里定居，19世纪后期社区变成了铁路区，特别针对在纽瓦克和曼哈顿上班的人们。蒙特克莱同样也成为城市富人的避暑地，他们在山坡修建季节性豪宅。20世纪，随着自动化通勤的兴起、横跨哈得孙的桥梁和隧道的兴建，镇子成为中等收入家庭的港口。蒙特克莱的形状像一个窄窄的正长方形，北部叫作北蒙特克莱，这个名字所暗示的社会身份和地理身份一样多。蒙特克莱中心有150家商店，排列在镇子最南端的布鲁姆菲尔德大道两侧。格兰瑞治是一

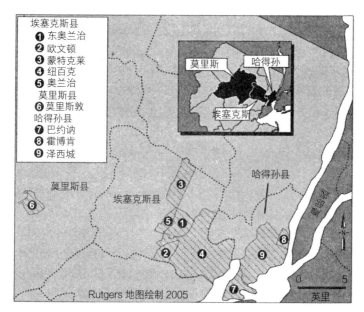

地图3 哈得孙县、埃塞克斯县、莫里斯县提供社区案例研究，说明各种遗留问题如获得平等教育成果、降低种族和族群冲突、促进城市振兴、消除政治腐败和集团犯罪

座可以在社会经济上和蒙特克莱媲美的镇子，与蒙特克莱东边相接，是蒙特克莱和再往东的蓝领社区之间的缓冲器。2000年蒙特克莱的中等家庭收入超过96000美元，差不多是美国中等家庭收入的两倍，它的中等房价是317000美元。[28]

20世纪后期，蒙特克莱的非裔美国人口增长，产生了种族矛盾，但许多人努力防止白人外迁。2000年蒙特克莱有近39000居民，32%是黑人，60%是白人，3.2%是亚洲人，5%是拉丁裔（任何种族）。[29]镇子的大部分地

图1 繁忙的布卢姆菲尔德大道是蒙特克莱的零售中心,是乡镇居民到不太富裕的县区如纽瓦克和东奥兰治的连接点

区都居住着黑人家庭,但最集中的地方在东南角。近几年,由于社区的铁路乘车服务改进,中产阶级化引起白人和少数民族之间对稀缺房源的竞争。

随着北泽西社区的发展,蒙特克莱已经成为最受欢迎的区域之一。衡量市场魅力的尺度是有多少名人已经定居。甲级联赛运动员如约吉·贝拉(Yogi Berra),前扬基队的接球手,女演员有玛瑞尔·斯特里普(Meryl Streep)和奥林匹亚·杜卡基斯(Olympia Dukakis),他们称蒙特克莱为自己的家。许多有创造性的人也是这里的居民,有演员、艺术家、舞蹈家、音乐家、作曲家、作家、诗人。很多电影、电视剧、商业片都在这里拍摄,借用这里美轮

图2　蒙特克莱的几处由政府资助的住房单元吸引了许多少数民族家庭寻找更好的学校和更安全的街道。这个楼区紧邻纽瓦克和曼哈顿的通勤火车站

美兑的意象。镇上有一所大学、四家地方戏剧公司、四家电影工作室、一家艺术剧院、两个爵士乐俱乐部。50多家饭店和餐馆也同样吸引着居民和来宾。

除了这些特点外，镇子还有什么吸引力？大多数人是被蒙特克莱多样化的住房库存、环境质量、曼哈顿的便利和上学体制所吸引。住房各种各样，有一般公寓房，有单元公寓式、有维多利亚式、荷兰殖民式、英国都铎王朝式、格鲁吉亚复古大厦、一小部分当代的巨型大厦。买房的竞争一直很激烈，蒙特克莱的平均房价在北泽西一直最高。四周大树环绕，小喷泉在家门口，历史建筑依旧，18个公园相间其中。火车每天通往曼哈顿、霍博肯和泽西城，

图3 一些非裔美国人占优势的社区，例如图示位于下布卢姆菲尔德大街的这个社区，它们包括了大多数仍保留在蒙特克莱的中等收入住房

运送各行各业的人们：神经外科医生、对冲基金经理、注册会计师、记者、广告商等。

考虑到蒙特克莱的富有，人所共知的是素质教育。这不是加里森·凯勒虚构的沃碧根湖，而是镇子坚持不懈地重视教育，印象中这里的每一个孩子真的是不一般。高中和两个私立学校的毕业生全部升入高校。不论是什么阶层、什么种族，许多家庭居住在蒙特克莱就是为了送孩子进入高级别的公立学校系统。若不是教育环境，许多居民的生活不会成功到在蒙特克莱居住。为了孩子们则没有商量。

所有善意是为了在镇子的名声中隐含社会正义，但现实情况是种族间平等是一件好事，容易想象却很难实现和

图4 上城蒙特克莱主要位于布卢姆菲尔德大道零售走廊的北部,有自己的铁路通勤站和购物区,隔开贫富居民

维持。问题在一定程度上和社会阶层有关。特权少的家庭出来的孩子们,不管是什么种族,在功课上得到父母帮助的可能性理所当然地小于特权大的家庭。他们的父母(特别是单亲家庭)经常为了确保收支平衡而长时间工作,不可能参与学校的活动。贫穷孩子很可能会因为衣服、物质、特权、家庭环境而被富人家孩子侮辱。有时,老师或管理层会有意无意地对这些孩子存有偏见,期望值低。白人和黑人的平均收入就存在不公平,但黑人自己之间也存在相当的差异。比较有钱的黑人孩子有时会不屑于和比较穷的同种孩子竞争,嘲笑他们的成绩。此等因素表明即使蒙特克莱有资源,有集体智慧,有善意,有经验,仍然成不了

乐土。

蒙特克莱的努力如此高尚，但黑人和白人之间一直存在信任问题。有时当减少学校预算的建议对孩子们造成的影响不成比例时，非裔美国人家长就会起疑心。当有的白人把孩子从公立学校转入私立学校，认为在种族混合课堂中没有足够的挑战（not sufficiently challenged in racially mixed classroom），就担心白人外迁。某些领域的专业课程如理科和艺术类在特色学校上，以求吸引种族混合规格的学生；但如果白人和黑人申请者不多，有些科目就停了，导致不愉快的结果。[30] 还有，学校面对难题也很纠结，虽然他们在黑人和白人孩子身上的花费是一样的，但成绩有差异时有些家庭就会要求为黑人孩子多花费一些。

另外，社会环境进一步使得镇子里跨种族信任的气候有了色彩。比如，午饭时间学校常见不到孩子们混合待在一起，他们往往和同种族孩子在一起（的确白人和黑人家长自己也说朋友和邻居之间很少有跨种族社交活动）。有报道称当非裔孩子在午饭时间或放学后去社区商店，他们很可能被店员单独叫出来，怕有小偷小摸行为。[31]

毫无疑问蒙特克莱居民对镇子混种族前景的态度有不同阴影，默默抵抗、逃避矛盾、疯狂呐喊。不管多谦虚，许多居民为了居住在蒙特克莱（或附近的社区如梅普尔伍德和南奥兰治），就得对个人价值观声明。虽然像蒙特克莱这样的社区还没有消除种族误解和不信任，但它们站在美国郊区社会正义的前沿。[32] 也许到时候，人们说蒙特克

图 5　蒙特克莱的暑期公立学校项目吸引了大量少数民族学生。许多家长给孩子报名，希望增加孩子们未来晋升的机会

图 6　蒙特克莱的私立学院为中等和上等收入的学生提供场所，这些学生的家长不满意社区的公立学校

莱的学校制度和说民主政府一样，是地球上最差的制度，除了所有其他方面。

既不是熔炉也不是争论锅

北泽西有极端多样性的人口统计情况，进一步受到人口密度水平的挑战，也许其他地理规模一样的都市郊区无法匹配。这方面作为其中的一部分最能代表大纽约区。大部分的北泽西居民很像纽约城的居民，日常中彼此间会体现一种包容和善意，虽然不是不可怀疑，但值得敬佩。当然，前进的步伐走走停停，这些年有许多事情在考验平等主义理想。那么很显然北泽西的高度多元文化社会仍在进行中。但是还没有成为真正的熔化炉，也不能称之为有分歧的沸腾锅。

第3章

在地方主义之地竞争空间和资源

许多方面新泽西是大纽约区的过渡区。当地球上面积最大的、密度最高的、社会性最多样化的中心城市向外发展时，它的大都市角色之一是调节空间和资源的冲突。发展呈扇形席卷紧邻曼哈顿的五个县，之后超越，这时大纽约区的触角已经直达州的大面积地区，进入纽约州南部和宾夕法尼亚东部（地图2）。在空间和资源紧缩地区进行全面开发就会带来可持续性问题。但北泽西的城市化，即老城和新郊区之间传统关系的崩溃，加重了生态系统的负担。通过供求动态，市场秩序化了空间、合理化了资源分配，但很少有效接受较大的社会和环境挑战。这样，为了应对越来越尖锐的冲突，政府管理和政治程序已经破裂（breach）。结果，有令人不安的迹象表明北泽西和北美大都市分区一样濒临非可持续发展的悬崖。

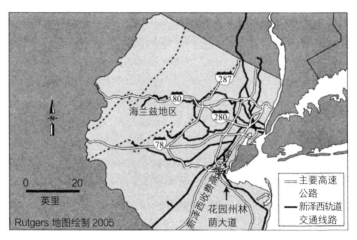

地图 4　北泽西被密集的交通走廊网缝在一起，有范围广大的州际高速路和乘客铁路服务。现在纯朴的海兰兹地区受到侵害性开发的威胁

北泽西的居住空间短缺

虽然 20 世纪的城市化和郊区化在北泽西的几个社区很广泛，但直到二战后出生高峰的压力、郊区住房开发、车辆弥漫的时候才引发令人畏惧的问题。[1] 高速公路越发拥挤不堪，停车空间越来越受限，学校人满为患。州级高速公路的拨款和联邦 1956 年的高速公路资助法案提供了价值数百万美元的水泥和石料。新泽西收费公路开通（1951～1952 年）成为 I-95 路的一个连接，和花园州林荫路一起连接北泽西到中泽西、泽西海岸和费城郊区（地图 4）。居住分区化、带状零售发展、州首家地区性购物中心在各个枢纽区兴建。发展压力持续到 70 年代，州际 280（1947～1980 年）、80（1951～1973 年）和 78

（1956～1989年）分段进行，推进新发展向东西挺近、并完成了沿收费公路和林荫路现有的南北向模式。宾夕法尼亚州东部和纽约西部由高速路连成大纽约区。把东西和南北走廊连接在一起的I-287，在1958～1994年之间分段开通。

白人外迁或者白人家庭外流，即离开北泽西的城市如帕特森、纽瓦克、泽西城、霍博肯和伊丽莎白，在二战之前只是一股小溪流。随着战后黑人、波多黎各人和其他少数族群迁入这些地区，溪流变成了洪流。担心房价下跌、犯罪率增加、失去郊区的朋友和邻居，"出售"的牌子如雨后春笋。市政厅努力阻止潮流，动用联邦的城市重建资金拆除贫民窟和衰败区，建新区主要为商务和机构所用。20世纪后半叶，成千上万年青的"启动（starter）"家庭重新在新住宅区定居，逐渐形成一条弧线连接北泽西曼哈顿郊区的东南西北。

20世纪五六十年代，联邦和州出台计划刺激郊区政府搞总体规划，制定或更新分区条例。20世纪七八十年代，州和联邦机构努力以规划的程序提高环境标准。但是城市扩展持续消耗花园州大片大片的农田和森林。有一位做国家土地使用倾向的研究者鄙视地把新泽西本来的农村地区描述为"梦魇般的风景，到处都是高速路、购物中心、塑料通勤宿舍。"[2] 到80年代中期，许多新泽西人明白地方政府无力，需要州政府当局出面解决。总体规划是70年代的战斗口号，但全国范围的发展管理成为80年代的一条防御线。

也许衡量新泽西增长问题有多严重的办法是，只有当州成为美国大陆（continental United States）的第三个实施州级增长管理法案的时候。[3] 除了其他目标外，这项新法案鼓励密切县区和市区规划程序合作，要求地方政府制定土地使用的总体规划。但是仅有这些措施不能控制蔓延，一定程度上是因为州政府从来不赋予地方政府和自身机构适当的规范权。也不适当投资基础设施服务郊区的新人口。更具有挑战性的规划者是州最高法院开创性的月桂山（Mt. Laurel）判决，试图增加郊区经适房。[4] 这些先例说明开发商可以指控某些郊区自治区划分土地用作高密度中等收入住房中的不作为。许多社区受到启发，主要是想维持人口均衡，还有社区要求不充足的学校空间或街道和高速路承纳大量的新住户。结果，许多镇子花几年时间要么进行高额诉讼，要么放弃高额诉讼费接受住房密度的大幅增长。[5]

到90年代中期新泽西等州的陈词滥调是"精准增长"。新泽西州准备一张全州地图，鼓励重建已建区、城市、老郊区和小镇边缘地带。农田、水域、湿地和其他开放地区或环境敏感地区开发时需要接受更严格的限制。詹姆斯·麦克格雷维——当时的州长，在推进精准增长政策中显示出很强的领导力。他认为新泽西每天约有50英亩、每年18000多英亩土地用于开发。有些研究很重视他的警告。比如，2003年有一份报告认为转变未开发土地是新泽西生活质量的最大威胁。报告认为水资源和野生栖息地正受到城市蔓延的影响。[6] 有一个原因很肯定,那就是可供新增长的土地太少了。美国农业部给出的数据表明,1997年在所有的州里,新泽西开发得最广泛。39%的土地被开发,而排在第二名的马萨诸塞州和罗得岛州只开发了30%。同时,美国人口普查局研究表明新泽西的人口从2000年的840万增长到2002年的860万。大部分的增长项目在北泽西和中泽西,以及大西洋沿岸从费城地区跨越特拉华河的薄带(thin belt)。根据研究只有南泽西基本保持不变。[7]

新泽西有的研究者估计不到20年就完成扩建,特别是2020年人口突发增长100万。开发商提出,如果市场需要开放空间、低犯罪率、优质的学校以及美国梦的其他方面,那么州精准增长政策规定新建社区远离未开发区域,进入已建社区是不现实的。[8]

北泽西的最后一块未开发之地

当增长从曼哈顿的北泽西郊区附近向外扩展,就覆盖了大面积的莫里斯、沃伦和萨塞克斯三县区等。风景区海兰兹直接就在开发的路径上,是四个州资源的一部分(地图4)。2002年研究了海兰兹在纽约和新泽西的部分,显示1984~1995年平均每年开发3700英亩。1995~2000年每年增长5200英亩。虽然约140万人居住在四个州的海兰兹地区,但超过一半居住在北泽西区的94个自治地。[9] 空间还不是海兰兹的唯一问题。约一半的州居民饮用水来自海兰兹水域。[10] 由此,许多人把这块贫瘠的地区看作北泽西最后的风景区开发地。为此,2004年州里通过立法提供特殊规划重审80万英亩地区中约一半的程序。[11] 州领导层和环境主义保护者如何面对强大的房地产业、一些镇领导层和大地主的反对,极富争议性的新法案将是另一个试金石。

空间短缺

如此疑虑的原因是州居民中有一种集体迷惑。最近在新泽西居民的民调中发现80%以上的应答者抱怨开放区域下降、交通拥挤严重和城市蔓延。但没有明显共识提示政府如何回应。在问到限制新开发和保护私人财产权哪个更重要时,接受调查者差不多一半对一半。几乎有一半的接受调查者说他们支持在未开发地区严格限制住房建设,但40%的人反对。另外,60%的人支持放弃某些社区对开发行使的地方控制权(留给更高一级的当局,县级或州级),如果这样做能保留更多的开放地;但是31%的人反对。[12] 所以,虽然新泽西阻止增长的情绪很广泛,但的确有少数人仍然不愿意接受控制开发所作出的必要改变。总的来看,居民好像更支持用家规控制土地使用,而不愿支持经济增长、就业、税收或收入。对这些问题的情绪在北泽西可能会更强烈。

不是要严格通过规则达到精准增长的目标，而是许多州说服地主自愿买卖农业、林业和环境敏感土地。很滑稽的是，新泽西称自己是花园州，但是不足10000个农场，比美国任何一个州都少。好像是为了强调这一点，美国农业部公布全州在1997～2002年间失去了51227英亩农场。[13] 1998～2003年新泽西的开放空间项目购买了约30万英亩的农田和森林用作娱乐和环境保护。[14] 但即使如此温柔的收购开放区域项目也已经屈从于城市和郊区政客们争夺资源的竞争。2003年几个城区的民主党在州立法院将此项目作抵押，直到开放区域资金的经费确定用来资助修复内城公园。[15]

野生

居民抱怨交通堵塞、学校拥挤、开放空间消失，这是衡量州增长是不是难题的方法。另一个方法是人类和其他物种争夺生存地的情况越来越明显。最能说明问题的是300磅黑熊抓一家厨房门。人和动物面对面在北泽西地区越来越普遍。一个世纪前估计有100只黑熊生活在这里。[16] 好多年来黑熊在新泽西很少见到。但到2003年严格控制捕猎黑熊、降低环境污染，越来越多的家庭、饭店垃圾桶提供食物，使得黑熊数量估计增长到1500只。虽然郊区化一度把黑熊驱赶到树木茂盛的海兰兹，但由于不断接触人类，许多黑熊最终失去了对人类的天然畏惧。动物开始向南、向东迁移，在小镇和附近郊区寻找食物。黑熊很少攻击人，但也发生过几起闯入家里、汽车、后院在垃圾等地搜寻食物的事件。有几十只被车辆撞死，还有很多被州当局杀死，因为其他的驱赶办法都不奏效。

虽然环境保护主义者曾担心黑熊会灭绝，但这个物种学会了如何适应自身数量增长和栖息地下降的现实。由于有非常严格的捕猎限制，黑熊数量逐渐增长。熊栖息在人烟稀少的地方，而泽西熊，根据达尔文学说，开始产子的时间比一般情况早，雌熊生活中排泄很多废物。就像一些少年，泽西熊也"早熟"，性事多。[17] 有的动物如臭名昭著的"熊鲍勃（Bob the Bear）"屡犯屡抓，屡抓屡犯，陷入顽固的屡教不改循环。迁移出海兰兹后，黑熊出现的次数多了，1995 年光顾了 48 个镇子，2001 年增加到 140 个。[18] 虽然新泽西也许是最后一个专家希望举行黑熊会议的州，2003 年新泽西州在创办了 34 年的东黑熊工作室举办了第一次会议。[19] 同年州政府不情愿地批准了 30 多年内的第一次州猎熊，结果 328 只被杀。2005 年又举行一次狩猎季，近 300 只黑熊倒下。从头到尾，这件事吸引了热心的支持者和反对者，讨论猎熊成为控制熊数量的办法。

熊不是唯一的足量物种。地方和州官员近年来一直与北泽西和中泽西不断增长的鹿做斗争。和熊一样，鹿也学会了适应人类，即使郊区化蔓延的推土机和反铲挖土机也破坏了宜居地，它们的数量依然剧增。鹿对人类威胁不大，虽然他们的确以花园和装饰植物为生，还危害司机。鹿和熊一样，数量增长的部分原因是，在农业屈从于人口增长的州捕猎文化消失了。州和地方官员试图把鹿运往农村地区，但是这个办法没有成功，他们在郊区的数量还在增长。许多人反对捕猎熊和鹿，理由是不人性，还因为武器爆炸声吓到了居民。有人推崇生育控制法，但实验证明虽然有效，可是费用高而且劳动强度大。因此有些社区雇用了职业猎手精选鹿群，希望他们的技能会消除对人类的威胁。

加拿大鹅一直是州里很多地区的第三个野生动物问题。通常是季节性迁徙鸟，许多鹅整年栖息在新泽西，集中于农田、高尔夫场、企业园区和市政停车场。现行的联邦条例限制捕杀加拿大鹅。新泽西大约有9.5万只筑巢鹅，据估计是美国最大的鹅集中地。虽然对人类没有直接危险，但会沉淀很多粪便，带来不方便和潜在的卫生问题，污染了全州有限的水资源。[20]

即使熊、鹿、加拿大鹅的数量在增长，全州濒危或受威胁的物种名单上的许多植物和动物在消失。无论数量是增加还是减少，有些物种一直在和天然的适应性极限抗争，受到城市化蔓延的挑战。说到熊、鹿、鹅，适应性已从动物栖息地延伸到镇子、郊区和城外。这些无政府状态模式最好被看作为找到与人类共居的最后一拼，它们生存最恐怖的障碍。如果保护泽西几个野生栖息地的努力失败了，总有一天，人们也许不得不满足于在动物园、保护区和暖房感受本地野生物种。因为在人类和动物的竞争中，人类总是赢家。

水

  季节性周期干旱提出了又一个与发展有关的问题。如 2002 年，州政府官员紧张地看着水库水位，特别是新泽西水位陡然下降，实施配量供给。一段时间后随着雨雪补充恢复了正常。可是因为新泽西，特别是北泽西人口增长，水供需的安全边际（margin of safety）越来越窄。周期性短缺还可以忍受，因为后援允许居民等到季节性变化结束后的沉淀。可是游客增多，工人增多，居民增多，每个人的用水量增多，新泽西被迫逼近增长力的自然边缘。而整个水消费还不是唯一的困境。农田、高尔夫球场、企业园区、草坪的雨水径流沉积了数吨重的氮、磷酸盐、化肥和杀虫剂毒性残留物，进入新泽西的水域。高速路、停车场、车道、楼顶、工商场所如炼油厂和加油站等的流经都给生态系统释放污染物质。如铅和水银这样的重金属，如多环芳香族碳氧化合物、多环芳烃联苯、四氯乙烯等化学馏出物威胁人类和野生。[21] 2002 年 42% 的州居民从地下水资源获取家用水，如水井。大量的地下水取水处，有 1.2 万处被污染。[22]

  北泽西的人用水供给和水质量问题相当尖锐。由于经常如此，引发了政治冲突。纽瓦克和泽西城在自己界内没有流域，都依靠城外和乡村水域的供给。虽然纽瓦克城自己有许多陆地在水域区，汲取饮用水，但是这些土地位于城北，属于几个不同郊区的管辖范围。1989年，州里通过法案停止开发水域区的土地。纽瓦克提出减少付给这些管辖区的资源税。虽然纽瓦克是停止建设的主要受益者，虽然不能发展自己的流域控股（watershed holdings），但市政仍认为土地价值贬值了，税收也相应下降了。法院判决纽瓦克由于郊区管辖权赢得削减净税30%的权利。泽西城同样也很快得益于纽瓦克的司法挑战。

这个案例给城市民主党和郊区共和党相冲突的水供给问题定了框。沮丧的郊区管辖区受州法案迫使，放弃纽瓦克和泽西城部分资源税，请求州立法给予救济，请求州财政部门给予补偿。为了维护和平，立法机构同意修改提案，1997～1998年资金开始流动。但是在2002年，一位民主党州长暂缓了项目，引起州预算问题。导致了共和党占优势的水域镇党派之间的怀疑。[23] 持续的州预算赤字叫停了重设补偿项目，结果郊区管辖区增税、减机构或既提税又减机构。城郊管辖再次陷入争执。

经适房

新泽西州36年的经适房项目是另一个城郊利益争论案例。土地费较高、区域性限制不鼓励为低收入、中等收入、低中等收入家庭修建住房。由于种种原因，教师、消防员、警察、初始家庭、移民、单职工家庭（single-wage earners）等中等收入家庭的郊区经适房常常是供不应求。

州经适房理事会（COAH）受到指控为快速发展的新泽西社区安排经适房配额。[24]COAH 由立法机构组成，应对 1975 年、1983 年、1986 年新泽西最高法院月桂山判决。乡镇领导遇到难题，划分区域要充足，以允许配额完成。如果社区没有这样做，开发商有权提出诉讼推翻地方的划分限制。COAH 的目标是达到一个比例，自治地内每四个住房单位中有一个是中等收入者的经适房。具有讽刺意义的是，开发商和经适房倡导者通常是同床异梦，但有时也会联手诉求社区满足 COAH 分配的经适房配额。如果得手，建筑商就可以建更多的住房体量扩大利润率，倡导者的经适房体量也稳升。

但是，有一个问题争论得很激烈，允许郊区管辖区买断部分责任，其方法就如有钱人逃避征兵时家里花钱顶替。COAH 的规则允许郊区社区降低多达 50% 的经适房配额，捐助一笔钱给附近的城市如纽瓦克或帕特森。城市必须花这笔钱在自己界内修建经适房，称作 RCAs（区域捐助协定）。这样尽管新经适房供给量通过 RCAs 项目增加了，但月桂山判决的最初目标——增加郊区经适房供给量——却下降了。经适房倡导者向 RACs 提出司法抗议，但要确定行动日期却找不到支持者。[25]

自从 1986 年新泽西经适房项目开始到 2003 年，建立了约 3.7 万套中等价格单元房。[26] 批评家认为这个项目要求社区接受超过划分允许的住房密度，这加快了城市蔓延和交通堵塞。支持者反驳说项目降低了经济分离，促进了中等收入家庭的住房、就业和教育的改善。经适房问题在北泽西特别敏感，需求量高而空地少。因此，COAH是说明州政府如何介入城市与郊区之间寻求调和的另一个案例。

硬壳城市化

北泽西的五个县里没有一个中心区在历史上是分区的经济和人口中心。北泽西是多中心，有四个中心城市。伊丽莎白、帕特森、泽西城和纽瓦克人口从12万到27.3万（地图1）。社区之间近在咫尺，互相竞争吸引人口、投资、就业。另外，城市之间的小缝隙还有许多小工业区：卡尼、哈肯萨克、尤宁城、巴约纳、帕萨伊克和霍博肯。附近还拥挤着郊区老镇：韦斯特菲尔德、普莱恩菲尔德、蒙特克莱、南奥兰治、韦恩、特纳夫利和帕拉莫斯。这些社区共同组成蔓延的变形虫一样的"硬壳（crust）"，消耗掉北泽西的大部分地貌。这种"硬壳城市化"模式（作者这么命名的）削弱了全世界城市通用的传统意义的中心性。[27] 硬壳城市化不应该和郊区蔓延混为一谈，郊区蔓延最显著特点是低效率、低密度开发模式。而硬壳城市化基本不隔断，其建筑和人口密度高于城市蔓延密度。

假设北泽西以传统的唯一中心城市模式发展，如克利夫兰、巴尔的摩或辛辛那提市。如果伊丽莎白、帕特森、泽西和纽瓦克2000年的人口合成一个城市，人口会超过78.3万。[28] 虽然这个数字是新泽西总人口的9%，但可以分别与全国第十二大和第十三大城市2000年的人口相比：印第安纳波利斯（782000人）和旧金山（777000人）。[29]

然而，北泽西史传统的开发大都市模式的影响令人印象深刻。卑尔根、埃塞克斯、哈得孙、帕萨克和尤宁县（地图2）的人口合在一起构成2000年的330万。[30] 这个数字超过明尼阿波利斯-圣保罗MSA2000年的总人口（差不多300万），类似于凤凰-梅萨MSA的总人口（320万），波士顿-新罕布什尔PMSA的总人口（340万），达拉斯的人口（350万）。这样的北泽西大都市在人口上只有10个大都市区超过，如纽约、洛杉矶、芝加哥、费城、哈得孙和亚特兰大。[31]

当然，单纯的人口规模不是问题。相反，问题是集中于单一中心城市的单一大都市区的结合（combination）。比如，假设北泽西和匹兹堡、圣路易斯或路易斯维尔一样发展。最后大都市可能对纽约城引起的金融风暴有较强的平衡力，为此纽瓦克、泽西城、伊丽莎白和帕特森在历史上曾经为了经济和文化竞争过。最起码这个问题可以争论，北泽西完全缺乏单一主导性中心城市或大都市区，使得事情复杂化，包括在州首府发展联合政治权利基地。[32] 北泽西的硬壳城市化不是要代表共有的一套安置性利益和谐声音，而是鼓励城郊社区之间竞争，为了得到州和联邦的资助、慈善捐助、私人投资、就业、住房和税收。另外，硬壳城市化不鼓励城市有效提供公用事业、服务，以及授予合同。的确，"地方重要"，但是要取得区域政治合作，地方的物理性能也许更重要。[33]

后郊区化

近三四十年，由于各种潮流局势更加扑朔迷离。有时称后郊区化主义，在传统城市或核心城市与其周围的郊区之间逐渐出现了断线。[34] 20 世纪上半叶传统郊区化导致了中心城市和郊区之间一定程度的相互依赖。城市的部分就业和税基依赖郊区居民，而郊区居民的生活、购物和娱乐部分地依赖城市。有时，郊区从城市购买排污和水（sewer and water）服务。但在 20 世纪后半叶，郊区化的蔓延远离了城市和旧郊区，历史断层日益糟糕。后郊区化居民社区分布广、结构松散，主要依靠机动车购物、上班、上学、娱乐和出差。工作单位沿高速路建在办公园区或企业区，购物通常在商场和带状发展区。很少有方便的公共交通和人行道连接住宅区和购物点。战后几十年常见的郊区到中心城市通勤模式几乎没有了，今天的后郊区化居民出入于一个无形的铁路迷宫（trace a formless maze of trails），其中有许多集中在拥有大企业老板的外围社区。[35]

后郊区化的一个现象是出现了"边缘城市"（edge

cities），这是乔尔·加罗推广开来的一个术语。[36] 按照传统说法，边缘城市实际上不是城市，而是大建筑群，商业、办公、住宅由高速路松散地连在一起。特别是和区域购物商场相连接，内有办公楼，附近有零售带和住房区域，包括住宅小区。但是按照加罗的意思，边缘城市支持传统核心城市的相关传统功能，如工作、休闲、购物。但种族、民族、社会阶层之间相互作用的范围窄了很多，部分原因是，几乎没有不同背景的人们能随意接触的人行道等公共空间。城市私控空间占主导地位，于是后郊区化主义主要导致了城郊居民之间相互的社会经济联系断开。同时，城市严重依赖电动车也加重了能源消耗、区域空气污染、交通堵塞。

政府碎片化和颗粒化

硬壳城市化和后郊区化主义是两种动态，地方政府和市场以此缓解北泽西巨大的人口密度、社会差异、土地和资源下降之间的冲突。但是其中还有第三个因素。当大城市人口向外扩展，特别是19世纪后期和20世纪，如自治市镇、小镇、城市合并成新自治区的速度疯长。有的观察家认为新泽西偏爱小镇的地方主义是因为殖民时期移民的新英格兰人所致。[37] 不管原因是什么，受地方自治舒适性驱使，"增加邮票大小地区"的情况让我们更多地了解新泽西人如何适应不寻常的人口密度和人口集中。[38] 今天，新泽西有 21 个县区、566 个地方政府、552 个学区。许多小政府单位的魅力在于领导人更容易接近选民，官员的作为更难逃过民众的监督。居民发现公共会议规模小了，没有那么吓人了，政府官员更容易接近了。总之，许多人觉得小政府反应快。还有，一小部分选民就可以左右政府决策。

对于许多新泽西人，特别是北泽西人来说，越小越好。历史上宽容的州公司法律使得居民相对容易合并一部分现有的自治区，创建一个更小、更好控制的区域。这种情况下丈夫们收取资源税支付最要紧的事：上好学校或接受警察更好的保护。

批评家认为这些优点之外还有缺点，许多小政府效率低，每个政府都投资搞一套学校制度、市政厅行政、警察局和消防部门。他们借用大政府单位可行的经济体和机会促进社会差异。评论家们说政府碎片化导致政治碎片化，成为推进小团体利益比较化的戏法。[39] 北泽西这种模式的结果是分区极端种族隔离的住房模式。[40] 尽管有月桂山法院判决，但地方政府的分区制和土地规则条例在许多方面导致了种族社会的经济排斥，采用了限制开发经适房。[41] 地方政府严重依赖财产税收，鼓励多数自治区只把中等和中上等收入住房划分在内，有时也包括税收优惠的商业房。[42] 巴尔干化（balkanization）也促使地方政府保护更多的地方税收，防止州政府为了更平等地服务于州范围的社会环境而重新分配资源。[43]

北泽西政府碎片问题有多严重？花园州的社区以陆地面积计算，平均不足全国社区大小的15%。同样，新泽西县平均不足全国县区大小的1/3。这个问题在北泽西更为明显，地方政府和县区平均大约是整个新泽西同类区域的1/3。[44] 那么以此来算，北泽西的困惑不只是碎片化问题，而是政府颗粒化问题。无可否认，政府颗粒化是大纽约地区大格局的一部分。根据早期研究的确已经形成好多年了。甚至全国性研究证明了地方政府巴尔干化的危害。[45]

联邦的、州的、地方的行政法律包括了住房、就业、学业（school assignment）和种族定性，试图部分抵消颗粒化政府、硬壳政府，以及后郊区化的分裂效应。但这些力量产生于市场轨道和政治机构，共同显示出对真正意义的社会同化有限制。[46] 土地和政府一直服务于新泽西，特别是北部县区，通过承纳分区范围人种的巨大差异，促进县市范围隔离规模，调解不同种族、族群和社会阶层之间的冲突。

莫里斯顿的族群冲突和后郊区化主义

莫里斯顿和蒙特克莱一样，被外界认为是白种有钱人的堡垒（地图3）。实质上更为复杂。莫里斯顿位于蒙特克莱正西，有半个小时的车程，2000年拥有略微超过18000的人口。两个镇不同的是，蒙特克莱主要是民主党的根据地，盘踞在民主党控制的县区；而莫里斯顿也是民主党的根据地，却盘踞于共和党控制的县区。因此，蒙特克莱的黑人家庭和穷人家庭得到的同情声音来自埃塞克斯县的纽瓦克、东奥兰治和奥兰治。但是在莫里斯顿，这类家庭却远不及拥有不同优先权的莫里斯县共和党人。

过去 30 年，北泽西的人口向西和向南蔓延，进入莫里斯、萨塞克斯、华伦、亨特顿、萨默赛特县，莫里斯顿地区成为郊区发展的门户。由此，镇子位于称之为外北泽西的中心。附近的社区麦迪逊、查瑟姆、巴斯金里奇和贝尔那斯威尔成为财富和舒适的堡垒。硬壳城市化没有把这些镇连接在一起，而是任由马场、公共公园、自然保护区、山林和翠谷分离。在莫里斯顿的北部和西部，海兰兹成为抵制蔓延的缓冲区，居民希望全州新一波增长有所控制，以保留镇子的风景环境。

莫里斯顿长久以来享受着历史身份。1703 年在此定居的前居民包括乔治·华盛顿、亚历山大·汉尔米顿、塞缪尔·莫尔斯（电话发明者之一）、托马斯·纳斯特（著名的政治漫画家）。莫里斯顿的中心格林镇——是风景如画的新英格兰风格的镇子，是一个流浪者、摩托车俱乐部、拉丁裔家庭、白领午餐人群喜欢的地方。餐馆、商店、社区剧院吸引了大量的游客来莫里斯顿。工作日成百上千前往曼哈顿、霍博肯、泽西城的通勤者聚集在火车站、快车站。镇、县、企业办公室吸引了成千上万的工人，为镇子的健康税税基作贡献。

市中心周围环绕着哥特复兴式、昆安妮、木瓦式、伊

图7 莫里斯顿的殖民者包括新英格兰人,他们留下的印记是一座美丽的城,当地人叫作"格林"。这个历史空间周围有商店、办公区和教堂,追溯到18世纪早期

斯特莱克、殖民复兴式建筑。到处有砖结构或木结构公寓、联排别墅、独栋,强塞进了19世纪的街景。橡树、梧桐树、枫树、不多的紫叶山毛榉树静静地排列在街道两旁,为后院遮阳。

莫里斯县2002年调整的毛收入在全国县区排名第五位(95185美元),相邻的萨默赛特排第四(96307美元),亨特顿排第八(94478美元)。[47]莫里斯县有财富和资源,但是莫里斯顿的人口多样性令人吃惊。2000年白人占67%,黑人占17%,亚洲人占4%,西班牙裔(任何种族的)占27%。大部分的白人和黑人家庭多年来一直居住在镇里,20世纪90年代拉丁裔数量大幅增长。西班牙裔公立

图8 许多莫里斯顿的房子有100多年的历史。有的是单户人家,有的是多户人家,还有许多变成了职业办公区

学校的录取率从1990年的8%增长到2000年的19%,而白人和黑人的录取率保持相对稳定。[48]比如来自墨西哥、厄瓜多尔、洪都拉斯、危地马拉的拉丁裔现在多集中在邻接莫里斯顿的非裔美国人历史社区。过分拥挤的情况非常普遍,大多数拉丁裔居住在旧木结构房子里和小公寓楼里。会说两种语言的很少,许多从事低技能的工作,清理房间,洗车,护理草坪,铲雪和修建房子。大多数人没有医疗保险等福利。

拉丁裔人口急剧增长引发了经适房和就业的竞争。一些黑人担忧新来的人哄抬房价,而低工资收入人群挤在一个公寓和一间房里分担房租。同样,也有人指控拉丁裔工

图9 如图所示，窄小的莫里斯顿社区是大量拉丁裔移民的家。常住居民经常抱怨住房拥挤

资低，福利少，如果还有福利的话，这样便削弱了黑人的就业能力。虽然拉丁裔和黑人成人之间的公开冲突不常见，但是青少年之间的暴力时有发现。比如，2003年指控一小伙非裔美国青年在街上随意袭击拉丁裔青年，一所地方高中发生了两起黑人和西班牙裔青年的刺杀事件。北泽西其他镇也发生过类似的袭击事件。[49]

虽然拉丁裔和非裔美国人有差别，这些差别一直是主要的邻里问题。但在市中心，拉丁裔和白人企业社区常发生冲突。镇经济健康（economic health）临近边缘，商人和政府官员挣扎多年，对威胁到商业的任何事情都警觉。最近10年，拉丁裔男人早上6点半就沿着市中心通勤大街聚集，寻找日工。雇主开着卡车、货车、运动型多用途

图10 拉丁裔移民在莫里斯顿大街等待日工。早晨 6 点就出现在这里,每周五天,他们引起了商户的不满,试图为他们在闹市之外另找一个聚集地

车,和工人们讨价,并且直接带到工地。他们看重拉丁裔的合作态度、工资要求中等、职业道德坚定。雇主们通常支付现金,几乎没人会扣留税、医保和社保。偶尔,不择手段的雇主会少支付,因为他们知道工人不会找警察。也有误会的时候,因为语言和文化的差异。有相当数量的拉丁裔是非法移民,但具体有多少不知道。许多人把部分收入寄回到居住在中美的家人。

据警察反应商人和居民有意见,日工挡了人行道,乱丢垃圾,吓到顾客。镇官员和拉丁裔拥护团体一直在寻找一个日工聚集地,未能如愿,但有议员反对为此花纳税人的钱。[50] 在 2005 年年初,警察为了实施州和地方法律,发动了一场反对日工和雇主的大战役，刺激了持拥护观点的组织，威胁说要提出诉讼。[51]

莫里斯顿的领导层意识到新泽西佛里霍尔德的镇资助聚集地距离近了，因为聚集了太多的拉丁裔日工，激起了更多居民的不满。[52] 还有大纽约区的社区也一直纠缠于日工问题，普莱菲尔德、萨默维尔都在北泽西。再有，法明维尔、纽约长岛社区的居民与拉丁裔摩擦不断，发生了暴力。2003年8月地方警察逮捕了四个青少年，据说纵火烧一间房子，居住者都是墨西哥人，都逃离了火灾。三年前，两个墨西哥人被当地的两个伪装成雇主的男人差点打死。[53] 莫里斯顿的社区一家人（One Community）是一个非营利组织，和政府官员共同努力解决镇里团体之间的冲突。

市中心经济总体稳定，但是商人和市政官员还是努力吸引合作伙伴面对城外箱式商店和购物中心的竞争。市规划策略试图在市中心的散居地建几百座公寓和独栋楼。支持者希望吸引年轻的单身、没有孩子的夫妻和退休人员入住赞助商业社区。

另一个策略是在距离历史遗址格林几个街区远的大街上增加餐馆和夜生活。但是也引起了拉丁裔社区的争论。被提议的再开发地区位于拉丁裔商业区中心，有三个街区的餐馆和外卖带，距离格林两个街区远。开发的目的是通过拆除几座旧楼解决危险的交通瓶颈问题，有的楼是拉丁裔的商业楼。社区领导声明莫里斯顿的再开

图 11 斯皮迪韦尔大街是莫里斯顿拉丁裔社区的社会和经济中心。复兴走廊的规划引发人们的担心损害了城市最大的族群飞地

发策略虽然毁掉了拉丁裔社区中心，但会扩展整个商务区。拉丁裔的商业在建设中会重新安置，而商人们担心新楼的房租会涨价。

但更激烈的争论爆发于人们发现工程区域的一个三代家族企业原计划拆除，后来被豁免。批评家怀疑偏袒是因为企业主是非拉丁裔，据说和市中心商人和市官员关系密切。不久，一场神秘的大火毁灭了商店，店主在附近重新开业。怀疑是纵火，但没有人受到指控。为了缓解紧张局势，市规划官员与拉丁裔和其他领导开展了一场对话，多数要求规划时保留拉丁裔中心的多元文化特色。

虽然白人和非裔美国人之间的争论是社区领导关心的

问题，但莫里斯顿在后郊区化的北泽西所处的位置引发了另一场争论。新泽西的 11 个边缘城市是 20 世纪 90 年代乔尔·加罗确定的，其中有两个位于 I-287 距离莫里斯顿车程很近的地方。[54] 帕尔西帕尼特洛伊山和布里奇沃特玛尔区分别在市北和市南。[55] 这两个边缘城市和莫里斯顿周围的几家企业楼群雇用了来自莫里斯顿和附近社区的数百名居民。[56] 1990～2000 年之间帕尔西帕尼特洛伊山边缘城市的确增加了 11000 个新的工作岗位。[57]

在莫里斯县枝繁叶茂的郊区，企业家比比皆是。但许多边缘城市的员工是莫里斯顿或莫里斯顿附近的年轻单身，他们住在那几座独栋或公寓楼群。大部分自己住，或和同伴合住，或和配偶合住，就业于药业、信息技术业、生物技术工业、金融业、保险或房地产。有的光顾莫里斯顿酒吧、舞吧，或偶然去莫里斯顿或霍博肯过夜。但好像没有什么人和北泽西的老城有关联，如纽瓦克和伊丽莎白。许多人花费很长时间工作，开车上下班，生活好像主要围绕家、工作和周末娱乐转。虽然他们对城市的税基有很大贡献，但很少有人参加公共会议或关注地方事务。黑人和拉丁裔往往不关心市政，许多年轻人和他们一样放弃民事处理权，由老一辈的长久居民处理，多是白人。这样他们形成无脸的公民身份。从市政官员的角度看，年轻的后郊区化居民可能是"理想选民（dream constituent）"。通过税和企业资助，他们帮助平衡了城市预算，即使有回报的话，多是他们要求回报很少。虽然他们不倾向于在地方选举中投票,这意味着对政客没好处,对自己也没害处。

结论

到目前为止,肖像已经把北泽西画成大纽约区的一个分区,靠内在的和外在的力量形成。两个州的争权夺利影响了曼哈顿-北泽西轴线生活的许多方面,既有合作也有竞争。内在方面,人口高密度、异常的社会多样性、急剧的土地和自然资源收缩、增长和保护之间似乎无法解决的冲突挑战了北泽西的市民。蒙特克莱和莫里斯顿等社区的经历说明了这些冲突。以下两章我们回到曼哈顿-北泽西轴线看看身份和意象的问题。

第 4 章

淡化我们的身份

谁是北泽西人？由以纽约城为基地的企业为主导的两个机构阐明了北泽西人士生土长身份的混乱。它们是大众媒体和职业体育。和港务局不一样，这两个行业都没有受到双州合作的影响，无论是政府渠道还是民间渠道，而是受到区域地理政治的影响，主要作用于跨哈得孙河供给的市场动态。它们共同以微妙的方法影响北泽西的分区身份。

现在看这个：哥谭镇——中心电视台

参观美国的任何大都市区，调台到地方晚间电视新闻广播。从图森到波士顿，从迈阿密到西雅图，你会发现有些地方附属广播或者所有的附属广播站都是四个国家网——ABC、NBC、CBS、Fox。地方台对主要影响他们自己都市区人或事的公众理解。如都市新闻或新闻快报这样的网络格式是全国较大都市区的标准模式。

这个模式在大纽约区也常见。WABC、WNBC、WCBC、

WNYW（Fox）都在曼哈顿，提供早间、晚间、夜间地区新闻广播。像其他都市区地方台一样，这些电视台好像很看重长时间以来的信条："不流血，不戏剧性，就不会上头条"。典型的是，半小时地方新闻节目的特点就是报道戏剧性的事件：火灾、事故、犯罪、工人罢工、政治游戏。[1] 新泽西电视观众好像已经明白这个模式。1999 年的一个民调表明 70% 的注册选民认为电视新闻的暴力报道主要是吸引观众提高收视率，而不是提供人们"需要知道"的消息。58% 的人认为电视报道过多关注暴力犯罪，36% 的人认为报道量还可以。[2]

除了关注体育、天气、交通、广告、周期性的消费、个人健康信息、人们感兴趣的故事，再加上戏剧性事件特色新闻，广播就丰满了。关注政府和民事一般集中在纽约城。这类事情在郊区城镇以及新泽西州和康涅狄格州州府的关注度低。[3]

但进一步损害地方新闻报道的是纽约全球化城市的身份。像华盛顿特区，日常场景就是全国和全世界的新闻事件。当州领导视察曼哈顿，当联合国披露重要事件，当华尔街发生交融震动时，网络台往往取代地方新闻节目进行报道。对于数百万居住在北泽西郊区的大纽约区观众来说，以哥谭镇为中心的网络台独一无二的身份意味着地方和州政府报道，以及政治、文化、经济新闻不受重视。

另一个淡化地方新闻报道的原因是广播区域的庞大规模。在大纽约区广播市场有超过 1600 个政府单位，有约 2100 万居民。可以理解，半个小时的夜间新闻不可能对三个州的州新闻、地区新闻和地方新闻进行系统报道。2001 年 11 月 4 日新泽西州选举期间，调查纽约城地方 WABC、WNBC、WCBC 电视台的夜间广播更能说明问题。结果发现在 30 天的竞选期内整个 489 分钟的竞选新闻报道全部报道市长和州长的竞选。其中，只有 86 分钟（17.6%）用来报道新泽西。虽然新泽西州居民大约占纽约区电视观众的 30%，但对于他们的州长竞争，三个台分配的竞选报道在总时间中只占不足 20%。[4] 因为地方台往往增加时间报道"大"的政治事件，如州范围内的选举，低层次的新闻如市立法或州立法选举就淡化了。

地方和州新闻报道不足的困惑几十年来一直困扰着北泽西。比如 20 世纪 70 年代后期，哈里森·威廉姆斯当时是新泽西州在美国民主党的参议员，写了一篇文章讲述地方电视报道中纽约和费城的主导性。他描述新泽西"仅仅是一南一北两大城市影子中的跑龙套演员"。[5] 其他观察者更坦率。有一位责备"大都市新闻媒体普遍以外部新闻为主的现象，报道的记者和评论家显然自以为见多识广而沽名钓誉，他们瞧不起郊区，瞧不起新泽西。"[6] 说到纽约和费城，另一位批评家指出"州里大多数居民更多认同他们自己的都市区，而不认同把州当作一个实体。"[7] 第三位指出自从殖民时期就长期缺乏"清晰积极的州自我身份"，越来越严重的费城-纽约两极化模式恶化了问题。[8]

为什么没有一家国家广播网在新泽西州开办电台？不

管兴趣点是什么,联邦通信委员会拒绝签发准许证。虽然在 2000 年花园州人口在全国排第九,可是陆地面积窄小,广播市场一直在费城和纽约城的夹缝中挤着。[9] 这两个城市的地方台由此把泽西人口分成两组。[10] 结果,北泽西的观众看纽约台的地方新闻,南泽西的观众看费城台。但是,如果说纽约城的地方新闻报道是被迫强加于北泽西的观众也不公平,因为几十年来北泽西有看自己州公共电视频道新闻的选择权。

新泽西网络(NJN)起源于 20 世纪 60 年代早期。新泽西州政府官员因纽约广播员倾向于不重视新泽西事务而受挫。作为回应,州立法成立了自己的电视频道。每个工作日,NJN 广播几个小时的州和地方新闻报道,集中于政府、政治、经济、民事和环境问题。好像在很大程度上艾美奖(Emmy Award)获得者 NJN 填补了新闻报道的空白,特别是北泽西和州首府特伦顿。对事故、火灾和类似的突发性事件进行淡化,重视主要资源、州政府、主要的州内合作和基金会。比如,2004 年 NJN 近 1770 万美元预算的 42% 由州资助。[11] 由于州资金的比重大,NJN 还没有完全达到观众喜欢的独立高度。也许是作为回应,企业在 20 世纪 90 年代后期组建了商业频道:新闻 12,广泛报道地方新闻和州新闻,特别是首府和北泽西的事件(广播设施位于新泽西)。在 NJN 和新闻 12 之间,新泽西公共事务的报道幅度得到了很大提高。

但是也有迹象表明这些电台只有一小部分北泽西观众

看。比如，根据一个数字，新泽西约 300 万个家庭中有 107000 个家庭看 NJN 新闻——电台的招牌节目。相比较而言，纽约台吸引了 5 倍于新泽西的观众。[12] 虽然新泽西人可以看到丰富的地方新闻节目，但很显然更多的新泽西人还是接受以纽约为基础的公共事务导向。[13] 于是就有了大纽约区高度多样性和具有竞争力的报纸市场。

读这个：碎片化的报纸景观

在美国大部分都市，有一到两份报纸主导着阅读。波士顿的《全球报》和《先驱者》、新奥尔良的《皮卡云时报》、奥斯丁的《美国政客》，每份都说明历史悠久的纸质新闻媒体对都市生活有影响。像电台新闻广播一样，每一份报纸都有助于形成民众对地区和州公共生活的观点。毫无疑问有几份泽西报纸在地方和州新闻报道方面毫不逊色，如《明星纪事报》《实录》《泽西日报》。[14] 其中《明星纪事报》总部在纽瓦克，日销售量最大，有 40 多万份。[15] 但是四家纽约报纸的销售量大大超过了这个数字：《华尔街日报》(180 万份)、《纽约时报》(110 万份)、《每日新闻》(715000 份)、《纽约邮报》(59 万份)。另外，《今日美国》全国发行，销售量超过 210 万份。[16] 它们都在激烈争夺大纽约区的读者，而《明星纪事报》主要局限于北泽西读者。除了更专业的发行物如《金融时报》，这几家报纸通过在全区范围内送货上门，以及

淡化我们的身份 {81}

通过售货亭和自动售货机进行销售。然而，还有一个竞争源于外语报纸，特别是西班牙语或亚洲语言，其目标是移民社区。这些报纸极少刊登北泽西社会、经济、文化或政治新闻。结果，北泽西的读者就会更多了解其他地方的事件或问题，而忽略了自己的城市背景。

2003年做了一次调查，了解新泽西人是否知道州领导的党派身份，问题相当严重。民测显示大部分的新泽西人能正确回答出下列问题中的一到两个，但是只有4%能全部答对三道题。

1. 州议会成员中大多数属于哪个党？
2. 州参议院成员中大多数属于那个党？
3. 州长的政党关系是什么？

民测监督者观察到新泽西人"对特伦顿权利的平衡一窍不通"。[17] 结果非常值得关注，因为立法和州政客的党派身份在每日新闻报道中很随意。同年新泽西还做过一个调查，表明1/3的接受调查者认不出当时的州长。[18] 还有一个调查表明新泽西87%的接受调查者不知道2003年11月选举中会有哪些职位。[19]

更有甚者，这个调查还发现电视新闻观众比报纸读者对这些问题知道的更少。这说明了一个现实，"新泽西的电视老问题"导致了大部分的新闻来自州外广播，结果那些说在电视上看新闻的人比起说从不看电视的人对于本州的政治新闻知道得还少。[20] 也许无须惊讶，因为近一半的接受调查者（43%）表明他们只是"定期"看政治和政府新闻。[21]

　　这些结果是新泽西全州范围的情况,而不是仅限于北泽西。总之,有理由相信许多北泽西人比其他新泽西人更不了解本州的政治事务。原因在于历史上北泽西人与纽约城的事件和机构就存在着坚强的纽带。同样,许多南泽西人和中泽西人更关注费城的时事。

　　当然,许多大都市也有同样的情况,特别是更大的都市。但那些地方可能不会像大纽约区那样选择竞争媒体的覆盖面和多样性。他们可能也不会去体验纽约这样的全球性城市绝对的引人注意的魅力,具有文化多样性,以及外交、出版、广告和商贸机构。毫无疑问,有的北泽西人居住在他们住的地方就是为了分享这些魅力。但是,这导致了另一个问题:分区城市身份的形成和维持。

　　公众对北泽西城市事务的兴趣参差不齐有几种解释。许多居民是纽约城的原居民,搬来北泽西郊区养家糊口。[22]其中许多人希望保持对纽约时事的兴趣,不太关心北泽西的事。同样,其他民族的原居民经常关注他们本土的事件,而不关注新泽西。[23]还有一些"雪鸟(snowbirds)"每年在佛罗里达等阳光充足的地方住一段。[24]因此,北泽西人比起看电视更可能从报纸看新闻,而北泽西的报纸市场极其多样、多语言和多分散性。[25]公众对地方城市事务的注意力就此被碎片化了。由于种种原因,像纽瓦克、帕特森、伊丽莎白、泽西城这样的城市特别难把公众注意力集中在社会和经济问题上。

对现代北泽西人来说，曼哈顿是唯一真正的市中心，城市文化的最高场所。这些人认为北泽西的城市中心在哈得孙河的东边，而不在西边。以哥谭镇为基础的媒体具有强大的影响力，培养和保持了这种模式。有一个北泽西人狂热地写到他在纽约城的工作、休闲、求学，把他这样的人描写成"事实上的纽约居民"[26] 他还说"由于我们离得近，我们仍然还是一个整体，不管你愿意不愿意。我们仍然生活在纽约城的保护伞之下它的生活模式、经济以及所有。"[27]

这并不表明所有的或大多数的北泽西人只盯着曼哈顿。有的居民也比较密切关注北泽西的地方事件。但是外源新闻巨大的影响力和地方政府极端的巴尔干化模式大大削弱了分区和州的身份认同。

球迷和缺席的球队

职业体育，特别是关于几个甲级联赛：棒球、篮球、橄榄球和曲棍球，构成了另一个具有同样效果的行业。大纽约区有八个主要的队。[28] 职业球队通常与地方自豪感和场所认同感相关联。这是因为大部分的球队在中心城市或中心城市附近打比赛，吸引了周围都市区大量的球迷。球队通常以家乡城市命名。但大纽约区的情况又一次没那么简单。

北泽西和大纽约区其他地方一样，甲级联赛体育的场

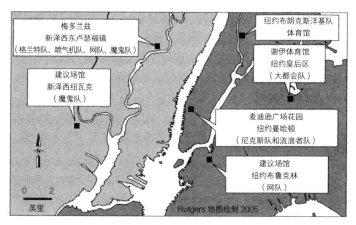

地图5　纽约城和北泽西现有的和规划的职业体育场表明大纽约区甲级联赛球队在双州的特色，代表了跨哈得孙河冲突的再一次冒险

所认同感集中在纽约城。八个职业球队中有六个称纽约为家乡，剩下的两个总部设在北泽西（地图5）。具有讽刺意义的是，新泽西是全国人口最多的州之一，却是唯一只有两个球队的州。比如密歇根、俄亥俄、佛罗里达、伊利诺斯这四个州，像芝加哥和底特律这样的单个城市就有多达三到四个球队。即使像亚利桑那、科罗拉多、佐治亚、威斯康星和密苏里，每个州在2000年的居民都比花园州少，但他们的甲级联赛队却不比花园州少。

如果这个还不够困惑，新泽西估计从2005年起失去两个球队中的一个：全国篮球协会的新泽西网队。网队和全国曲棍球联盟的魔鬼队一般在北泽西打主场。但是网队的拥有者计划把球队挪到纽约城的布鲁克林自治区，他签约在那里建一个体育场。[29] 考虑到新泽西的户均收入在全国名列前茅，有专家困惑于新泽西州缺少甲级联赛队。

　　困惑也有部分原因是纽约城和费城的甲级联赛帝国像大众媒体帝国一样想主宰新泽西。这样的话，他们就可以充当花园州球迷职业体育的缺席承办商，把他们分成两个分区市场。南泽西人追随费城队：棒球费城人队、橄榄球鹰队、篮球76人队、曲棍球飞鸟队；而北泽西人更可能是纽约队的球迷：棒球洋基队和大都会队、橄榄球巨人队和喷气机队、篮球尼克斯队、曲棍球流浪者队。再次形成了纽约城和费城两极都市主宰模式，把新泽西居民分区化。

　　在北泽西很难成为一个职业球队的球迷。比如，为了参加洋基队的主场赛，居民就得驾车，常常是高峰期，或坐火车去曼哈顿，然后乘公交车去布鲁克斯的体育馆（大都会队的主场在更远的皇后区）。尼克斯队和流浪者队的比赛泽西人更容易看，但需要驾车或乘火车到曼哈顿的麦迪逊广场花园。1976年后的几年里，当州梅多兰兹体育中心开业，北泽西人终于可以在泽西土地上观看职业橄榄球、篮球、曲棍球。中心位于东卢瑟福小镇，距离纽瓦克北部几分钟的车程。[30]纽约格兰特队、纽约喷气机队在格兰特体育馆打主场，驾车或乘快车就可以到达。[31]北泽西的橄榄球球迷比棒球球迷有优势，因为橄榄球队打主场。但他们都一样处于尴尬的位置，支持的队叫"纽约"而不是"新泽西"。虽然许多北泽西人是巨人队和喷气机队的球迷，但球队并不能提升居民的场所感。

　　但是，如果北泽西的职业棒球球迷和橄榄球球迷被剥夺了本州的自尊,职业篮球球迷和曲棍球球迷不会有太多同情。魔鬼队和网队不仅有州的名字,而且还在梅多兰兹体育中心开业时打主场。直到20世纪90年代中期,两个队才把新泽西推进锦标赛圈(championship circles)。后来,在1995～1996赛季开始赢曲棍球比赛——赢了很多场,得了斯坦利杯冠军。为了证明球队的技能不是侥幸所致,在1999～2000赛季他们再次夺冠。[32] 也许是受到魔鬼队的鼓舞,网队在2002年也给了大家一个惊喜,赢得了NBA东部赛区的冠军,仅仅把全国冠军输给了洛杉矶湖人队。[33] 在他们组队的短暂时间里,第三次赢得了斯坦利杯冠军,这次是在2002年,对手是阿纳海姆鸭队。随后一年,网队再次获胜,赢得东部赛区冠军,但输给了圣安东尼奥的马刺队,丢掉了全国冠军。不管怎么说,这两个队的球迷主要在北泽西,对在甲级联赛中扩大州的声望做出了很大贡献。

人们会认为这些体育胜利会让售票处前排起长长的队伍。的确,售票、特许权、体育装备在网队和魔鬼队的主场季后赛和冠军赛中会有所涨价,但是比NBA和NHL(国家橄榄球大联盟)的其他球队差得很远。[34] 主场赛的许多空位讲述这样一个故事:即使有国家排名的新泽西球队,北泽西球迷也不会成群结队观战,而在其他都市区却司空见惯。

如此,职业球赛在北泽西出现一个怪局面。篮球和曲棍球球迷可以在北泽西的土地上观看州内球队打主场,而橄榄球球迷在花园州草地上观看州外球队打主场。棒球球迷最弱,没有州内或州外球队在新泽西打比赛。他们需要到皇后区或布鲁克林区看大都会队或洋基队。体育专家和球队领导考虑了造成北泽西职业球赛支持度不平等的原因。有的注意到北泽西的篮球球迷被分成两半:一半追随网队;另一半追随纽约尼克斯队。相应的,曲棍球球迷分成两份:一份支持魔鬼队;另一份支持纽约流浪者队。因为纽约球队的经营人比新泽西的老很多,许多北泽西人是看他们球队打比赛长大的。[35] 其他球迷是原纽约城居民,是铁杆球迷。习惯很难改变,所以不是所有的北泽西篮球和曲棍球球迷变节支持新泽西球队。

支持不上劲还有一个原因,梅多兰兹体育中心的位置偏远,很多居民不容易去。[36] 但这是本州城市化和人口分散的本质性问题。如前所述,新泽西境内没有起主导作用的真正意义的中心城市。对现代北泽西人,纽约城就是中心。纽瓦克、泽西城、伊丽莎白,或帕特森都缺乏足够的人口,缺乏文化、娱乐、城市吸引力,难以成为大都市区的中心城市。北泽西的硬壳城市化,之前谈过,把潜在球迷分散在大面积的、未分化的多县区域。这导致了球迷前往这些城市的困难,也抑制了形成一个这些城市表达分区的自豪感和集体精神。

当网队和魔鬼队庆祝最近的冠军胜利时,问题更加严重了——他们没有举行传统的、市中心的彩带游行,而是在梅多兰兹停车场举行了野餐晚会。[37] 由于北泽西的颗粒化政府模式和许多阶层、族群、种族、宗教居住在紧密连接区域的趋势，分区缺乏一个真正意义的市中心，失去了大规模地集体性表达团队凝聚力的机会。[38] 就如北泽西非典型的大众媒体局势一样，非典型的职业体育情况对提升分区的身份无济于事。也许只是时间的问题，总有一天会有机会让甲级联赛体育进入新泽西最大的城市纽瓦克。

纽瓦克，受到极大挑战的城市

纽瓦克位于纽约城以西17英里的地方，2000年有14%的非西班牙裔白人、53%的非西班牙黑人、30%的西班牙裔（任何种族）。[39] 是问题最严重的美国城市之一，失业率高、贫穷、辍学等新泽西州的社会问题它都有。[40] 20世纪60年代后期发生了全国最悲惨的内乱危机，城市面临着克服住房、零售业、就业、税收巨大损失的现实。成千上万的人们，主要是白人，在1967年暴乱后搬离城市，人口从1960年的40.5万降至2000年的27.3万。[41] 纽瓦克和其他城市一样，由于工厂和相关企业倒闭或裁员而受到重创，在80年代和90年代愈演愈烈。虽然仍是新泽西最大的就业中心，但在90年代失去了大约5000个岗位。[42] 城市商业中心在邪恶和破旧不堪中挣扎。周边是东奥兰治、奥兰治和欧文顿社区，都在30年间收纳了大批的穷人和工人阶层。这四个社区位于埃塞克斯

图12　2005年的拆除，夷平了长期倒闭的帕布斯特啤酒厂，这是城市工业衰退的象征。瓶子形状的贮水池方圆几里都能看到，这曾经是纽瓦克最有识别力的地标建筑

县，与周边城市形成强烈反差。犯罪、失业、贫穷远远超过埃塞克斯其他社区，废弃的、维修不到位的设施影响到几个街区。虽然联邦政府出资清理公房工程，街区

改建看到了希望，但是居民提意见说这些地方的改建拖了很久。纽瓦克有全州最多的贫穷家庭，接受了联邦和州的大量资助。1995年，州政府控制了城市的公立学校系统，原因是资金等不规范，学生水平差。还有，犯罪长期以来是一个大问题。比如2004年的枪杀事件造成365人受伤，68人死亡。[43]

尽管现实问题重重，纽瓦克在"复兴的艰难旅程中"（rough road to renaissance）取得巨大进步。[44]比如，州高级法院判决投资5亿美元改建30个旧学区，包括纽瓦克的学校，投资更多地修建新校和从事学前项目。1977年在纽瓦克市中心新建的新泽西表演艺术中心开业，之后不久纽瓦克黑熊队棒球乙级联赛体育馆建成。[45]一座装饰漂亮的艺术办公楼修复，成为市中心的主要标志。最近，联邦调查局进驻一座新办公楼。市中心全部铺设光纤电缆，原来的一家百货店开了第一家因特网"旅馆"。市中心还有几家大企业，如保德信金融集团、公共服务电气公司、地平线蓝十字蓝盾公司。MBNA和IDT也设立办公室。五所高校和三家医院也落地纽瓦克。

30多年来，非裔美国人在城市的政治体系中享有重要权力。夏普·詹姆斯是第二位非裔美国人市长，1986年首次被选。少数族裔在城市、县区、学区和房屋权威部门都具有普遍代表性。市议会以黑人为主，但越来越多的拉丁人人口也提升了拉丁裔的代表性。非裔美国人和拉丁裔之间的不信任削弱了一致性联盟和共同目标。

图13 像这个单元一样被废弃的或者维修不到位的私宅遍布纽瓦克。许多已经不可能恢复

图14 富有活力的市场街位于纽瓦克商业区中心。出于人们对犯罪行为的恐惧,警察不时出现

图15 长期宣传的纽瓦克"文艺复兴"运动断断续续地进行着。保德信金融集团（右）是一家虔诚的支持者，投资数百万美元促进城市的复兴

纽瓦克的最大企业近10年来增加了少数族群的就业。但这些企业由白人主导，董事会成员、董事长、经理都是白人，大部分住在郊区。黑人在城市社区起着很大作用，许多城区组织严重依赖他们的支持办企业、管理州政府、搞基金会。其结果是，白人、黑人、拉丁裔在公司、城市、政治领域的合作随处可见，但是潜在的紧张如影随形。这些年来，做出各种努力建立市政和企业区成员之间的公私联盟，但双方的不信任却是显而易见。毫无疑问，许多人才和组织是城市的最大资产，他们为了新泽西的伟大城市和社会事业不辞辛劳地劳作，不管日子好过还是不好过。

淡化我们的身份

图16 新泽西表演艺术中心于1997年落成,经常被称作"王冠上的珍珠"

图17 纽瓦克的几个街区相继添加了这类填充性房屋,如图所示市里经常提供对土地价格和税收打折的资助

图18 从1986年起，市长夏普·詹姆斯提出推进纽瓦克城市的古典复兴。九成员组成的议会并未对他的权力进行过多干涉

市政和中等及上等收入的埃塞克斯郊区城市之间的矛盾进一步激化了企业和政体内部及其之间的分裂。双方越来越不信任，许多纽瓦克居民忘不了当白人在20世纪六七十年代抛弃城市的情景。有人担心白人会通过州政府或纽瓦克企业组织扭曲对城市政治的控制。同时郊区白人抱怨县税和州税高，资助纽瓦克的费用重，认知浪费（perceived waste），管理不当，市政、教育制度和房管局有欺诈行为。埃塞克斯县处于城市和郊区中间，像纽瓦克市政厅和民主势力的堡垒。双方不时地为民主党州议会大厦和地方候选人投城市和县区的多数票。纽瓦克和埃塞克斯县经常与新泽西其他城区的民主党一起组成堡垒对抗

共和党占主导地位的郊区和乡村利益。

纽瓦克和体育场

　　从 20 世纪 90 年代后期开始，詹姆斯市长就要求在纽瓦克市中心建立职业体育体育场。与艺术中心一样，设施是为了吸引郊区居民进入城市消费，刺激发展，创造就业，增加税收。在体育场故事中有许多周折，但在 2005 年之前，做出规划要求进行 3.1 亿美元的工程，包括魔鬼队的冰球场、一家酒店、一处会议中心、几家餐馆、停车场。但是曾经的愿望很宏伟：最初的计划是篮球（网队）和曲棍球（魔鬼队）联合体育场，以及附近几处建筑。工程耗资 3.55 亿美元。不过这个计划依靠州县的大力财政支持自助完成建设。2000 年 10 月在题为"纽瓦克体育场：新泽西经济的福音"的特邀会上闪亮登场。[46]

　　摄像机闪烁，詹姆斯致开幕词，激情地赞扬此项工程。讲到某处，他开始唱起"不可能的梦"（The Impossible Dream），搞得几位与会者坐立不安，互相偷看。市长还另加了一个环节，为体育场点赞。

　　詹姆斯之后，路易斯·卡兹是当时网队的合伙人，应和了市长的激情诗文。他用悦耳的语调请求观众展望体育场开幕之夜，人群向前涌去，聚光灯闪烁，固特异飞艇在头顶盘旋，摄像机向全国直播。寓意很清楚：永远地，体育场要把纽瓦克放在全国地图上，改变颓靡形象。当问到

图19 纽瓦克曲棍球体育场计划在此修建,由于市政拨资金2亿多美元,以及球迷基数相对小,引发了轰轰烈烈的辩论

纽瓦克的年轻人会对体育场做出怎样的反应时,卡兹承认有不确定性,认为也许他们的"自尊心"会得到增强(几年内,卡兹也许是受挫于延误,投入精力迁移网队到布鲁克林)。

杰森·威廉姆斯,网队的前球星,也为工程点赞,大谈对年轻人的吸引力(不到四年,威廉姆因为2002年在新泽西自己的豪宅枪杀司机而受到审判)。[47]

还有几位发言者加入,其中有埃塞克斯县的县长(他在2003年被美国律师事务所宣判有罪,为了县区修路合同接受了政治捐献)。[48] 演讲结束后,记者和观众就体育场资金提出疑问。球队合伙人卡兹特别被要求澄清,但他小心翼翼地对付具体细节。他引用了他母亲的话，重要的是"不在于花多少钱，而在于能得到什么"。埃塞克斯县的县长来救卡兹的场，他是最热心的支持者，责备提问者，说讨论"有趣地拐了个弯，"暗示挑战性的监督是没有理由的。

很快，城市唯一的一家报纸《明星纪事报》，基于对纽瓦克假设的福祉而支持工程而对资金问题采取保留态度。[49]整个2001年，关于体育场多方面的问题不断出现。比如，洋基网队组织，当时是网队和魔鬼队合伙人，对两个队的主场赛时的门票收费低表示不满。有的董事会成员不相信把球队从梅多兰兹体育中心迁往纽瓦克就会提升出席率。[50]另一个问题来自新泽西体育博览局——州代理，拥有梅多兰兹体育中心。他们看到把球队丢给纽瓦克没有好处，于是发起反击。他们保证翻修梅多兰兹体育场，改善便利性，允许开发商在隔壁修建大型家庭娱乐中心。

体博局和纽瓦克市争夺网队和魔鬼队的斗争还在进行。很明显，如果纽瓦克体育场建成，就会和附近的梅多兰兹体育中心竞争创税收的活动，比如马戏表演或摇滚音乐会。这样一来，很可能城市和州的体育场之间就会发生战争。进一步暗淡了纽瓦克体育场建议的事情是3.55亿美元的预算。标价最先在2000年定出，有人担心会不会太低。众所周知，在全国范围内投标体育工程费用都被估低，绝对有理由担心费用超标。[51]

公众意见也是一个问题。会有足够的人来纽瓦克体育场吗？体育场会大幅振兴纽瓦克吗？会为纽瓦克居民提供足够多的就业，大大提高城市的税基吗？几个公众意见调查显示对公众的支持有怀疑。问到网队在州居民中的知名度，1999年1月全国性的民意调查表明92%的答卷人没有在头一年看比赛。[52]第二个问题涉及球迷是否愿意在纽瓦克看主场赛。1999年还做过一次民意调查，表明白人没有少数族群愿意去纽瓦克。[53]随着体育场计划越来越临近，2002年又做了一次民意调查，询问埃塞克斯的居民，纽瓦克就在埃塞克斯。如果建了体育场的话，只有5.2%的接受调查者说愿意常去纽瓦克。[54]几乎在同时做了第四次民意调查，全州范围内的居民被问及他们愿意在哪个地方观看网队和魔鬼队的比赛，选择梅多兰兹的人数和选择纽瓦克的人数之比将近2∶1。[55]后来在2002年做的第五次民意调查结果同样不令人振奋，州注册选民有1/3希望把网队和魔鬼队迁到纽瓦克，而57%持反对意见。[56]体育场问题持续处于批评中，公众的态度越来越明显地两极分化。后来在2003年9月完成了第六次民意调查。球队老板由于纽瓦克体育场修建延误而受挫的传言提出了问题，新泽西人到底有多喜欢网队。全州范围的民意调查显示大部分居民认为职业球队有助于发展州经济，促进州的形象。但如果网队迁往别的州，近一半的人不会想念，20%会"很"想。[57]当时几乎所有的公共考量是，纽瓦克体育场在新泽西或北泽西都不是广泛受到欢迎。只要有支持，公众的意见就偏向于自筹资金搞项目。这些观点和其他负面迹象促使州长决定

淡化我们的身份

和工程保持距离，州里只承诺提供适量的资助。[58]

多亏意外地得到港务局 2.65 亿美元的一笔资金，曾答应资助纽瓦克市，詹姆斯市长才能够解决州大规模资助体育场的问题。[59] 在 2002 年中期，他宣布纽瓦克建体育场不需要州政府提供太多资金，1.65 亿美元是港务局税收，另外 3500 万美元是债券保险。在这个计划之下，洋基网队愿意提供 1.55 亿美元，州再开发局提供 1000 万美元，1500 万美元来源于其他渠道。

但是，批评家质疑纽瓦克在以 2 亿美元建体育场的情况下，还期望州里花 5000 万美元资助城市教育和社会福利。受到质疑的还有机会成本，相对于投资改善学校、健康、就业、街区复兴等社会需求，把意外收入花在建体育场上。[60] 很快居民提出诉讼阻止城市花 2 亿美元建体育场。詹姆斯市长称之为"不负责任的行为和政治立场"，认为体育场为纽瓦克提供"巨大的希望"。[61] 然而，虽然有人支持体育场计划，但反对意见占了上风。[62]

就纽瓦克体育场问题争论了好多年，2004 年初网队宣布卖给新主人，新主人决定 2009 年把网队从梅多兰兹体育中心迁往布鲁克林。纽约城答应资助数百万美元为他们建体育场。[63] 不论对网队或体育场有什么看法，北泽西人不能不注意潜在的信息，那就是在一场关于钱的竞争中，大苹果①再次赢了。

---

① 纽约的别称。——译者注

詹姆斯市长执意要给纽瓦克留下体育场，于是坚持着。他在一个月内宣布市里要建成一个有着18万座位的魔鬼队曲棍球体育场，价值3亿美元，市里增加投资到2.2亿美元，球队支付其余的费用。[64] 2007年落成，周边还附建一个300个房间的酒店、8个办公楼、商业区和停车场。但是，纽瓦克体育场的计划再一次遭到质疑。[65]

市长宣布一天后爆出一项研究，全国曲棍球联盟在2002~2003赛季集体损失2.73亿美元。[66] 魔鬼队老板承认在2004年初球队负债7000万美元。[67] 有观察家认为，魔鬼队好像寻求将纽瓦克和新体育场从巨大的赤字解救出来。依此推理，问题是纽瓦克不同于波士顿、密尔沃基、明尼阿波利斯、圣保罗、多伦多和蒙特利尔，它从没有成为曲棍球游戏的温床。魔鬼队没有家乡的球迷基础，只能吸引郊区的追随者保本。体育场必须和梅多兰兹体育中心等竞争非魔鬼队的赛事，如摇滚音乐会。尽管市政的精神是"建了他们就会来"，但是观察家对体育场的前景还是表示怀疑。

大都市队，网队，喷气机队……简直疯狂！

虽然纽瓦克花费了几年时间试图把战车拖进星光球场，但是其他事件制造了大纽约区职业体育的激烈竞争氛围。2004年年初，纽约城提出带喷气机队回哥谭镇，在曼哈顿西岸新建一座体育馆直接跨哈得孙河。市长迈克尔·布隆伯格主张，如果纽约城计划成功竞争 2012 年的奥运会，体育馆是公共必需品。2005 年的年中两个计划都落空了。2005 年年底，宣布计划要在梅多兰兹为格兰茨队和喷气机队新建体育馆。[68]

在大纽约区双州竞争职业体育已不是新鲜事儿。20 世纪 70 年代，新泽西建了梅多兰兹体育中心，吸引格兰茨队和喷气机队在那里打主场。《纽约时报》（The New York Times）发表社论进行攻击，指责新泽西抛弃了区域利益。[69] 在纽约城灾难性的金融危机之后发生了一件事，标志着更糟的转折，当时哥谭镇居民强烈要求恢复曾经的辉煌形象。于是，最近就两支橄榄球队跨哈得孙河的争辩成为长期的对抗。

因此，与其他都市区一样，大纽约区的商界和政界领导（特别是曼哈顿－北泽西轴线）为职业体育的可见性而竞争。他们这样做在某种程度上是因为他们认为甲级联赛队会把甲级联赛身份带给州和城市。不论纽约城的这个决策有多大风险，纽瓦克和北泽西的风险更大。不言而喻的事实是，球队有纽约名字和纽约有球队同样获利，即使不多。在北泽西，有的领导希望从关联魔鬼队（新泽西唯一真正的甲级联赛队）中获取的利益大于球队可能赋予的程度。如果球队资金不稳、公众对曲棍球的兴趣不大、经济拮据的城市过分资助球队，未来几年内还会有事情让人不省心。

第 5 章

损害我们的形象

如果有些因素很大程度削弱了北泽西的身份，如低质量的地方新闻报道和职业体育特许权被极端主导，那么其他情况也影响了对分区安全和政府完整性的看法。集团犯罪和政治腐败一直特别显著。这些现实形成了花园州特性和生活质量的形象，特别是在北半部，这个形象总体破坏了新泽西的声誉。[1]

在这一点上，泽西人处在悖论中，一方面为身份和形象挣扎，另一方面却拥有许多特色。有丰富的历史遗址、大企业家、充满魅力的社区、全国最好的通勤铁路系统、风景如画的海兰兹地区、人见人爱的大西洋海滩、美国大都市区无与伦比的文化多样性水平。虽然花园州的户均收入居于前列，受过高等教育的人口全国最多，但形象问题多年来一直困扰着部分北泽西人。[2] 形象尺度里有观众对行政渎职和黑手党敲诈勒索的认知。

纽约、费城和黑手党

　　本地的街头恶棍邦是北泽西市中心的一景，至少从19世纪后期就这样。早在1927年恶棍阿布纳·"朗伊"·齐威尔曼已经是北泽西的赌博和非法贩卖的一霸，与纽约的黑手党头领查尔斯·"幸运（lucky）"·路亚西诺等是一伙。他们很快就开设了一系列赌场，主要在卑尔根和哈得孙县，很容易从曼哈顿到达。20世纪二三十年代开通了乔治·华盛顿桥和林肯隧道、荷兰隧道，这使得纽约的不法分子就像合法企业一样把市场扩展到泽西郊区。费城的黑手党在南泽西一些地区和泽西海岸开了赌场、妓院、高利贷企业，北泽西成了花园州敲诈勒索的中心。[3]

　　之后，北泽西和曼哈顿的几个黑帮组织合伙成恐怖集团。好多年通称为黑手党（Mafia）、咱们的行当（Cosa Nostra）、辛迪加（Syndicate）或暴民（Mob）。成员组成直线领导结构，20年代在纽约城五个有集团犯罪家族（families）联合执政下成立。[4] 成立了一个委员会，由全国主要的犯罪集团代表组成，齐威尔曼代表北泽西的黑帮。委员会把美国主要的城市犯罪市场分区，将控制帮派的特殊权利分配给个别组织。降低竞争、解决帮派之间冲突的政策由委员会决定。[5] 即使在废除禁酒令之后，纽约和北泽西匪帮普遍猖獗于30～50年代。[6]

　　但是，记者和执法机构越来越大的压力削弱了黑手党的活动。1950年和1951年电视转播美国参议院委员会对犯罪集团的听证会，把问题披露在全国公众面前，纽约和北泽西负面的公共形象越来越受到关注。[7]在此期间齐威尔曼被迫出庭作证，1959年他被发现死于家中，据说是自杀。虽然北泽的其他犯罪集团头领在之后几年也出现了，但都比不上纽约犯罪集团的齐威尔曼。[8]后来纽约的格诺夫斯、甘比诺、哥伦布、卢凯塞犯罪家族控制了北泽西许多最赚钱的非法行当。北泽西再次遭受哥谭镇的殖民统治，这次受统治于卡波·德·卡波和他的同伙，而不是戴假发的皇家州长和他的同僚。

但是民众对非法行当越来越不满，迫使联邦和州政府机构采取严厉措施。北泽西的郊区企业和政界领导寻求吸引纽约公司、家庭定居的方法，努力净化分区的形象。很难消除黑社会人物，如新闻报道的安东尼·"小猫咪"·拉索、拉斯奎尔·"帕蒂·马克"·马基拉罗尔、艾米利奥·"法院"·德莱奥、约瑟夫·亚瑟·"巴约讷·乔"齐卡雷利、阿方斯·"冯子"·蒂耶里、约翰·"强尼可口可乐"·拉迪尔。[9]所以在70年代花园州积极认真地修剪黑手党杂草。

尽管联邦和州政府都付出努力，但是80年代新泽西仍然被称作"犯罪集团污染的州"。[10]特别是卢凯塞家族从事"非法赌博、放高利贷、贩卖毒品、非法交易"，以及收购合法企业。[11]到90年代中期，窃听和相关法律越来越被成功应用，如诈骗操纵和贿赂组织条令帮助严厉打击北泽西和中泽西黑手党组织。联邦调查局和纽瓦克的美国律师事务所主导指控,成功地判处卢凯塞家族犯罪家庭成员迈克尔、马丁·塔塞塔、迈克尔·佩尔纳有罪。[12] 卡诺夫斯家族成员蒂诺·弗鲁马拉、雷蒙德·探戈和贾科莫"杰基"狄奥里索也都入狱,甘比诺家族老板塞缪尔"小萨米"科尔萨罗和他的同谋安东尼·"托尼·普罗"·普罗托同样锒铛入狱。[13]

诈骗

近来北泽西犯罪集团开办了各种非法企业。赌博、放高利贷、开妓院、贩卖毒品、强制保护(compulsory protection)、绑架、挪用工会公款是最常见的。比如,在2003年,新泽西警察局对17人提起放高利贷的诉讼,其中就有北泽西杰克逊的路德维格·"尼尼"·布鲁斯基,黑手党头目兼船长,为格诺夫斯犯罪家族负责新泽西的事务。诈骗在北泽西加菲尔德的蓝领客栈外进行,多以极高的利息贷款给小企业家、体力劳动者。贷款受到黑手党"强制者"的巨大威胁。布鲁斯基的操控延伸到北泽西和中泽西的七个县区,包括非法的体育赌博。它们被连接到纽约的一个中心"窃听室"(wire room),调节两个州的赌博和贷款。挖掘出的证据表明在这些诈骗中纽约的格诺夫斯和卢凯塞犯罪家族合作分割北泽西市场。[14]

北泽西工会向纽约黑手党家族提供了其他利润中心。一些组织如"酒店员工的地方69"和"饭店员工国际工会"

的成员已经被骗。总部设在锡考克斯,地方 69 据说已经被格诺夫斯犯罪家族的成员和同伙渗透。格诺夫斯诈骗有挪用工会资金、敲诈使用工会劳工的老板、敲诈工会成员的权利。地方 69 的领导被指控合谋非法活动、在成员中制造恐吓气氛。[15] 问题一直在升温,2002 年联邦法院指定特别监控监督工会活动。

好像哥谭镇的黑手党还不够,费城的布鲁诺 / 斯卡福黑手党家族也持续操作新泽西多年。[16] 规模小多了,他们的活动主要限制在纽瓦克和大西洋城。[17] 但是,20 世纪 90 年代黑手党内部冲突和黑手党头目尼科迪莫·D·斯卡福入狱,削弱了其活动力。费城的黑手党在 2002 年遭受了另一个打击,斯卡福的儿子在北泽西被宣判犯有组织和领导赌博罪,成功宣判部分是因为联邦调查局猎获的揭秘电脑记录。[18]

虽然犯罪集团继续破坏北泽西的生活,许多年老的黑手党分子要么入狱,要么年事已高或身患疾病。比如刘易斯·"斯特瑞基"·老加托已是八旬老人,曾经是格诺夫斯犯罪家族北泽西的头领,死于 2002 年,当时正在因赌博诈骗服刑 65 年。[19] 另外,约瑟夫·"乔·香蕉"·博纳诺曾经是博纳诺家族的头号人物,也死了。[20] 到 2003 年,戈蒂的继承人和纽约其他四个犯罪家族的头目都入狱了。[21] 卢凯塞、甘比诺和格诺夫斯家族的几位中层和高层成员在 2002 年和 2003 年服役期满,人们认为其成员仍然活跃。[22] 同时,和朝鲜、古巴以及苏联有瓜葛的黑手党也已经渗透其中。[23]

一个大时代效仿者：十瓦可家族（The Decavalcante family）

很明显，外来的犯罪家族集团控制了北泽西的诈骗。但十瓦可家族是新泽西唯一土生土长的传统的犯罪集团，他们的不法行为也许说明为什么严重的地下活动最好留给州外的黑手党。十瓦可家族20世纪60年代起家于敲诈、贿赂、伪造股市交易等诈骗活动。有一个得力企业是贿赂、敲诈地方官员，为建筑公司营业获取建筑许可证。在联邦调查局调查后唐·西蒙·里佐"水管工山姆"十瓦可因赌博指控而入监服刑，后来退出到了佛罗里达，1969年84岁时去世。[24] 一位消息人士认为他有点儿像纽约媒体佣金的高尔夫球手。[25] 十瓦可的接任者有几位老板，都在权力中倒下或入狱。[26]

虽然纽约的五家犯罪家族成员人数大大地超过了十瓦可黑手党，但他们通常避免和本地的对手冲突，不希望让人关注他们的活动。但是北泽西黑手党无论有什么麻烦都强大对手，但内部的瓦解成了更加严重的问题。随着时间的推移，十瓦可黑手党被一位资深记者称作"自身可怜的模仿者（a wretched parody of itself）"，被一位联邦调查者称作"的确不是一个团队"。[27]

十瓦可受困于两个习惯：暴力和失策。比如，有几个成员怀疑他们老板是基友就谋杀了他，以防其他黑帮不尊重他。谋杀多到十瓦可必须雇人在别的州处理受害者的尸体。曾经的一个头目承认下令杀了10多人。尽管他们共有这个印象，但是纽约黑手党通常不会如此慷慨地雇人谋杀，因为试图避免引发新闻界和执法机构的热炒。[28]

一派胡说八道（litany of gaffs and goofs）损害了十瓦可的声誉，成为十瓦可家族最头疼的事。传说曾经的一位老板被发现死在车里，大腿根有一罐鱼。不管鱼有什么象征意义，其重要性泄露了黑帮里的每个人。另一次事故是两个黑帮成员坐在车里漫不经心地互相射击，直到打死对方。还有一次，联邦调查局官员秘密地安插手机，黑帮成员用了几个月，从来没有发现他们的谈话被录音。最后一个案例，警察看到有一个成员丢弃谋杀武器，这家伙后来被车上的牌照确定，原来他偷了另一个黑帮成员老婆的牌照。她丈夫很快被提审询问，这位可怜的家伙被黑帮开除。[29]

十瓦可家族持续的古怪和杀人把自己降为大纽约区黑手党家族的二流身份。[30] 说它是二流身份是事实上十瓦可家族中没有一个成员公认入座统治纽约五个家族和监控新泽西黑手党活动的财团和委员会。[31]

北泽西和你，托尼，完美组合

也许让许多北泽西人宽慰的是大纽约区的黑帮活动多

少代以来在大众的眼里主要和纽约城有关。纽约是黑手党的总部城市，一直无数次地成为好莱坞电影、电视剧、图书、杂志文章中讲述犯罪集团的场景地。也许这就是为什么家庭（Home Box Office）连续剧《黑道家族》激起北泽西观众不只娱乐还有悔恨。周连续剧讲述匪徒黑手党托尼和他的家庭、朋友、犯罪团伙的故事。《黑道家族》选景在北泽西的富裕郊区和肮脏的公路商业区。《黑道家族》确认一种大众文化，即很久以来的事实是黑帮活动不再局限于城市，而是已经渗透到城市以外的地方，最起码在美国北部近几代是这样。但是电视剧不能在任何都市区取景。HBO 的导演认为曼哈顿的北泽西郊区会提供一个讲述匪徒故事更具有说服力的场所，这要比康涅狄格、长岛、克利夫兰或洛杉矶强。《黑道家族》首次在 1998 年播出，好像确认聚焦了民众对北泽西历史上犯罪集团的现实感受和认知。

政治腐败

如果犯罪集团引起对北泽西形象问题的忧虑，这不是唯一的恶习。在过去的两个世纪，从新泽西拥有运河、铁路、制造业中心的昌盛期到今天的全球化经济，一大批政治腐败损害了城市生活。[32] 这种情况如果不是因为花园州由许多可敬的公职人员任职还不会如此出众，他们包括州长伍德罗·威尔逊、布伦丹·拜恩、汤姆·基恩、克里斯蒂·威廉姆,国会成员有比尔·布拉德利、皮特·罗蒂诺、米利森特·芬威克。同样在州议会、法院、县市区市民已经不缺可敬的有奉献精神的领导。[33] 然而,新泽西长期遭受政治腐败,损害了民众对政府的信心。没有什么地方比北泽西如此根深蒂固,几十年来美国律师事务一直对犯罪集团和政治腐败发动着攻击性战争。

移植于花园州的花园·多样性

埃塞克斯县有全州最大的城市(纽瓦克)和第二大县级人口,证实了北泽西的政治腐败困境。近几年,几位县级官员被指出政治违法或者被宣判有罪(表1)。2003年詹姆斯·W·特雷芬格,共和党人、埃塞克斯县的县长被判有邮件诈骗罪和妨碍司法执法罪。特雷芬格承认非法索要15000美元的捐赠,作为奖励县里一个无标书铺路合同的交换条件。他还坦白在县里安排了两个人的工作,全职从事他的再选举活动。[34] 很有讽刺性的是10年前,特雷芬格接替了县长托马斯·达莱西奥,一位民主党人士,被判以洗钱罪,并受贿于一位州外的垃圾运输工,想要新泽西驾照。好像这些不法行为不够,一出监狱达莱西奥就用剩余的政治竞选运动基金成立了一个非营利慈善基金,为自己开年薪65000多美元。他安排家人或朋友进入组织的董事会,开着一辆花基金租借的奔驰。[35] 达莱西奥出狱后的活动在当时的新泽西法律下是完全合法的。

连续两任县长被指控腐败，这对大多数县区来说就已经足够了，但是埃塞克斯县的贪污水更深。2002年前任纽瓦克市长肯尼思·吉本被指控逃避联邦收入税，因为没有上报应另外付税78000美元的收入。吉本承认他的工程公司为欧文顿的新泽西校董事会开单100多万美元的服务费，实际什么也没有干。纽瓦克的第一任黑人市长因罪而获缓刑。欧文顿校董事会的两位前任成员承认接受吉本的报酬，回报他们支持建校合同。[36] 就像特雷芬格，吉本保持了不知多少位前任市长维持的模式。比较著名的一位是纽瓦克市长休·J·阿多尼西奥，在1970年被指控执政时腐败并判坐牢。[37]

但是，欧文顿紧邻纽瓦克——一个严重受到干扰的老城域，其坑蒙拐骗比吉本的罪行还深。2003年，欧文顿市长莎拉·博斯特劝诱一位城镇职工在联邦调查人员调查一项城市铺路合同时出伪证。基于窃听和其他证据，她被起诉在1999年接受了合同方1500美元的回扣，并接受了镇公寓楼开发商7000美元的贿赂。[38] 她承认企图恫吓证人，被判处一年监禁。[39]

帕塞伊克县是北泽西的另一个城市中心，也一直被联邦局盯着。最有名的是马丁·巴尼斯，他曾经是帕特森的市长，在2002年承认接受20多万美元的贿赂。六项城市合同受到牵连，包括一家铺路公司，在帕特森合同中做了1600多万美元。铺路公司负责人承认巴尼斯等接受了14次免费旅游，去阿鲁巴、里约热内卢和英格兰。联邦官员指控道，巴尼斯旅行期间由妻子、女朋友或雇用女性陪同。其他礼物还有衣服、现金、家庭装潢。[40] 但是贪污并没有在市长门口停止。2002 年，帕特森公共建设工程主任康威·曼古洛犯有敲诈罪，接受了 7500 美元为一个纸制品供应商签发一项新的城市合同。[41]

巴尼斯市长和特雷芬格一样，不是县里第一位屈从于诱惑的官员。最近在 2002 年，帕塞伊克县的行政长官尼古拉·迪唐纳接受了同谋指控，涉及阴谋把县合同签给了一家咨询公司以得到好处。作为回报，这家公司支付回扣给共和党头领皮特·A·墨菲选定的与政治相关的人们。墨菲承认在咨询公司有经济利益，由于在县合同中给一家公司安排了 300 万美元而受到指控，这家公司付给墨菲的四个政治同盟 7 万多美元的贿赂。[42] 诸如此类，党的效忠者在泛滥的腐败气氛中运作。实际上，帕塞伊克县的选举作弊如此明目张胆，以至于 1999 年初联邦监督员就驻扎在投票亭旁，防止恫吓西班牙裔选民和投票站工作人员。[43]

毫无疑问，有的观察家怀疑如此的执法行动源于政治或种族。但是，北泽西近几年的经历表明政治腐败不偏于特定的意识形态、肤色、性别、国籍。的确，分区的政治重犯整体来看是两党、双性、双种族、多族群人群，这证明有的诱惑力太大，以至于不容有任何妨碍。

观念和声誉

如果北泽西政府的违法行为是偶然的,也许他们对州内外公众的影响不会这么严重。但充足的证据证明在公众眼里州,特别是分区,受到了损害。2003年度民测表明77%的新泽西人认为本州有"大量"或"一些"政治腐败,15%的人说有"一点"或"没有"(一年前也做过一次,表明84%的人认为新泽西存在一些或大量的腐败)。2003年民测中的受调查者认为平均约一半的政客是腐败的。[44]在2002年的民测中2/3的新泽西人认为被选举的官员从政是为了谋取私利。[45]在1981年的民测提供了参照,表明过去20年间很大程度上观点有所改变。[46]

也许公众这样反应有助于解释一位退休的纽瓦克议员的回答,当时有人请他说出从政28年后取得的最大成就。成就不在于他支持了政府的重要改革,实施了经济适用房,或改善了公共公园。议员回答"我从未被调查怀疑过。没有人指控我偷钱或骗人。"[47]许多北泽西人如此习惯于腐败,否定之否定也许可以成为肯定。

政治腐败的腐蚀性影响损害了州政府的形象,特别是北泽西的形象。新泽西前任首席检察官约翰·法墨承认了这个问题。他说州聚藏着"根深蒂固的腐败文化,"指出即使做了许多努力清除,还是"有欺诈行为存在"。[48]州最大的报纸《明星纪事报》发表社论,批评"新泽西最差形象——我们在腐败中耸耸肩,眨眨眼,新泽西的文化使

图20　泽西城的高盛（远处左边）象征北泽西水域的"曼哈顿化"。一旦城市充满港口工人和工厂工人，就成为证券交易员、金融规划者、律师、会计的家

之无法避免，我们无论如何都清扫不了自己的屋子。"[49]《纽约时报》写到州的名声时说，"这个地方贪污就是生活中的一部分，如路边的小饭店、过路收费亭、斯普林斯廷和《黑道家族》。"[50]《纽约时报》还有一个报道说州的"名声是虚伪政治。"（reputation for slimy politics）[51]

类似的描述来自其他地区。比如，《洛杉矶时报》说"腐败在花园州根深蒂固"。提到"腐败是普遍的，"报纸引用了新泽西的美国律师事务所的话"腐败是一种传染病。"[52] 早在1974年《美国政治年鉴》考察了50个州的政治，描述新泽西为"全国最腐败的州。"[53] 当2003年《经济学家》杂志提到另一个州有同样的名声时，把新泽

西叫作"北部的路易斯安那。"[54] 在 2004 年总统选举期间，候选人拉尔夫·纳德声称新泽西的选举、政客、州政府和市政府都在"出售。"[55]

尽管有这些主观观点，但还是有一些客观证据，花园州在政治违法案例中全国排名特别高。[56] 但是如果北泽西有全州最多的政治腐败和犯罪集团记录，也许哈得孙县、霍博肯、泽西城等 10 个社区的家园是最自然的栖息地。密切观察会对这些问题看得更清楚，同时表明了后工业时代如何使北泽西的经济、社会和政治环境发生巨大的变化。

哈得孙县的狂欢

如果纽瓦克城寻找复兴的模式，也许目光远不过邻区哈得孙县（地图 3）。北泽西最成功的两个城市霍博肯和泽西城正在彻底改造自己。它们丢弃了蓝领、拥抱白领——后现代的未来。[57] 两个城市都位于黄金海岸、沿哈得孙河的带状区域带，曼哈顿尖顶天际线的壮丽风景一览无遗。许多居民每天乘坐渡轮、公交、火车通勤上班到华尔街或麦迪逊。还有的在北泽西或泽西城等地工作，从事迅速发展的金融、保险和房地产业。到 2000 年北泽西成为新泽西的第二大就业中心，20 世纪 90 年代增加了 6000 个工作岗位。[58] 2000 年霍博肯的人口超过 3.8 万，主要为住宅，拥有褐砂石联排别墅、公寓房、通勤火车站、高档酒吧、饭店和商店。泽西城既是就业中心又是住宅聚集地。曾经

图21 废弃的桥桩证明北泽西的水域曾经充满活力。今天许多居民生活在哥谭镇的阴影下,在曼哈顿中城和华尔街金融区工作

有叮当的铁路、冒烟的工厂、繁忙的码头,现在水域两侧矗立着闪光的办公楼,主要是80年代后期建造的。2000年泽西城大约有24万人,包括住在改建的工厂和仓库,以及几个住宅条件改善社区的砖联排别墅、独栋别墅和公寓楼的居民。把两个城市绑在一起的是新建的地面火车中转站,大致与哈得孙河平行。

两个城市从70年代后期到80年代经历了巨大的转变。由于住宅改善首先在霍博肯展开,它的人口有约4/5是白人,而泽西城的人口中1/3是白人。居住在霍博肯的非裔美国人和西班牙人比在泽西城的也少很多。教育成就的水平高很多,国外生的人口和穷人人口很低。[59]

两个城市曾经到处是烟囱、卡车、仓库、街角酒吧,

损害我们的形象

现在仍然还有过去蓝领的迹象。但是昨天的工业区成为今天的高端独栋建筑群。街角酒吧成为今天的说唱夜间俱乐部或酒吧。公文包和背包取代了午饭桶、暖水瓶、馅饼味，炖牛肉、咸牛肉、大白菜已经被泰式炒河粉的香味、墨西哥卷蒜面包圈替代。在50年代《码头风云》(On the Waterfront)取景的地方，今天滑冰者、骑行者、日光浴者在风景如画的码头公园休息。曾经在滚筒运输机、气蒸筒、旋转刀片中生产高露洁牙膏、狄克逊铅笔、克洛克斯漂白剂的地方，今天房地产交易、股票买卖、金融规划在高盛、美林证券、普惠公司的空调房间筹划。

越来越难以想象霍博肯和泽西城曾经是典型的工业城，它们的命运如此紧密地和曼哈顿的职员经济联系在一起。[60]从20世纪七八十年代开始的霍博肯——泽西城要相对好一些——成为年轻人的流入地，许多人买不起曼哈顿和布鲁克林更好的社区。90年代中期，年轻人被拦在霍博肯外，金融服务公司的交易清算室被拦在曼哈顿下城拥挤的峡谷外。两者都开始涌入北泽西。房产经纪人现在把两个城市共同称作"纽约第六区"，把泽西城的办公区称作"华尔街西。"它们的重生故事对于那些依然记得霍博肯和泽西城肮脏过去的人们来说是非凡的，这些故事以同样的方式在美国城市讲述着：巴尔的摩、克利夫兰、洛厄尔和普罗维登斯。

住宅改善在两个城市水域附近的社区开始，逐渐向西拓展。有组织保护历史建筑，要求更好的城市规划和开放

图22 泽西城过去工业区的一件加工品与周围复兴的社区形成鲜明的对比

图23 新建的泽西城有办公楼、居民楼、餐馆、百货商店,远不同于艰苦年代的烟囱、装配线、街角酒吧、娱乐大厅

损害我们的形象

图24 帝国大厦是曼哈顿最标志性的地标建筑,梦幻般地矗立在城市天际线中。骑车的、滑旱冰的、跑步的、散步的沿着霍博肯的新建水域感受鼓舞

水域。在泽西城有些老街区如杂志广场(Journal Square)和格林维尔由精英开发区连接,名为自由港、波多菲诺和玛贝拉。然而,文化不同的区域依然存在着,如马丁·路德·金卑尔根/拉斐特社区和小印第安,一排饭店和商店散发出咖喱和生姜的味道。但是两个城市有的地区里的棕色地带背叛了大相径庭的过去。废弃的仓库、生锈的铁路场、凹凸的街道等待再开发,不是为了世代居住在那里的家庭,而是为了拿着手机、手提电脑、MP3的新住户。

泽西城政治腐败导师

虽然振兴改善了北泽西和中泽西的许多小社区,但

图25 霍博肯曾经是歌手弗兰克·西纳特拉的家乡,执着于具有民族色彩的过去,即使之前不整洁的店面提供拿铁、涂鸦、寿司、时装鞋

沿黄金海岸地区的振兴过程是最惊心动魄的。然而,光耀不能完全掩盖曾经改变了所有哈得孙县形象的旧习惯和传统。无人知道县里政治腐败悠久历史的全部故事。[61]但是大多数人认为在1917年到1947年新泽西市长弗兰

图26　尽管这个社区得到了复兴,像这样的家庭依然代表着霍博肯的工人阶层家庭依附于熟悉的地方、邻居和机构

克·"老板"·黑格执政时达到最高峰。黑格在美国大城市市长中的恶名为他赢得美国"最差市长"第二名,仅次于芝加哥的威廉姆·"大比尔"·汤姆普森。[62] 黑格被称作"城市暴君",使用强硬的手段就像"封地的军阀"。[63] 他还担

图27 住宅改善改变了霍博肯大量的城市住房,成为年轻单身工人或年轻夫妇的时尚之家

任多年哈得孙县民主党核心头领,这个岗位使他有权控制全县的民主党人。

在黑格的统治下,市县名册中民主党的员工超额。2/3 的薪水回扣给核心人物,都来自奴才们。到处吃空饷,令公众尴尬的记录都瞒过了公众监督,城市合同只为得到回扣,投标程序控制在只青睐支持"老板"的承包商。黑格对挡路的人毫不客气,包括公务员,许多人被开除或降职。为了保护他党内的忠实分子免于诉讼,黑格操纵了法官和检察总长的任命。[64] 有一位妇女在泽西城长大,20世纪最后 1/3 的时间都生活在泽西城,她描述黑格的恶毒"黑格永远知道街上发生了什么。电话被监听、信件被开封、间谍潜伏在比克福德——杂志广场一家受人欢迎的咖啡馆。总有叛徒受到惩罚。他的对手会发现选举权被撤销，或纳税评估被提高，如果他们特别活跃就会挨揍、因讽刺上级而被捕。"[65]

"老板"能够横行30年在某种程度上是因为城市公共事业机构通常有效，他的机构通常满足选民的需求，但这些福利的代价是膨胀的预算。[66]正如大多数核心城市的选民，泽西城人口大多是"穷人、缺乏教育的人、没有技术的人"，他们"在社会层面易受控制"。[67]在城市老板们确立已久的传统中，黑格持久不衰的原因主要是选民允许他这么做。他死于50年代中期，他的年薪从未超过9000美元。但是他的财产估计总价值500万美元，另加新泽西、纽约、棕榈海滩、佛罗里达的豪华产业。惊人的是，他从未入狱。在黑格统治后的几年里，市长约翰·J·肯尼、托马斯·J·蕙兰都因恶行而被判刑，虽然都没有得到像他们杰出前辈那样的赞誉和羞辱。[68]

后现代的政治背叛

随着制造业经济的衰退，霍博肯和泽西城不再有大烟囱和化学味，开始引起年轻买房者和办公开发商的关注。很快金融机构的公司老板和中等大学毕业生带来不同的政治期待。虽然仍然存在滥用权力，但早期常见的膨胀的核心机构工资单和报酬不可以再出现了。由于强有力的执法力度，哈得孙县的恶棍受到起诉。局势变化的头炮在20世纪90年代早期审判市长杰拉尔德·麦卡恩时打响。他被指控犯有欺诈罪、逃税罪和做伪证。[69] 他由保守的布雷特·施德勒继任，后者是一战以来的第一位共和党市长，从1992年任职到2001年。一位年轻的改革者，受过哈佛教育的施德勒主政了一段载入城市史册的增长和发展，得益于全国强劲的经济和开发商们大幅度的减税政策。然而，即使施德勒在泽西城干净的政府也无法抹去哈得孙县的腐败文化。隔壁的霍博肯市长安东尼·鲁索在如常地经商。他成功地在2004年被判刑，因为接受了一家想和城市签合同的公司的30万美元的贿赂。[70] 从1997年到2003年，哈得孙县至少有12位政府官员或警察被判有贿赂罪、传送贿赂罪、挪用公款罪、纳税不当罪和私吞选举资金罪（表1）。[71]

哈得孙县长和2002年组建的县立法议员(freeholder)董事会的两个成员的宣判独占风头。县长罗伯特·詹尼泽夫斯基承认敲诈了10多万美元，他支持裁定县区合同的回扣。[72] 他的一个同伙当了32年泽西城的警察，立法议员威廉姆·布雷克承认接受了4000美元现金的政治捐赠，对方是一名精神病医生，寻求批准县医疗机构合同。布雷克在警察窃听记录中听到有一个人问他回报决议想要什么，他回答"现金和伟哥。"[73] 另一名立法议员尼迪亚·达维拉·科隆被判有邮件诈骗罪，至少给詹尼泽夫斯基转送贿赂了1万美元，是同一名精神病医生提供的。同时她和贿赂者保持个人关系，但不知对方带有窃听器。[74] 还有几

表 1

北泽西的政治腐败，1990～2005 年

宣判有罪者的名字	犯罪时的职务	代表的司法权限	县区	宣判的罪行	犯罪年段	判刑年段	违法描述
罗伯特·詹尼泽夫斯基	县长	哈得孙	哈得孙	敲诈和逃税	1996～2001	2002	收取为县区提供服务的承包商们10万美元
尼迪亚·达维拉·科隆	县区立法议员	哈得孙	哈得孙	欺诈和帮助敲诈	1999	2003	帮助敲诈，邮件诈骗罪，至少转送承包商的贿赂1万美元给县长，对联邦调查局机构作伪证
威廉姆·布雷克	县区立法议员，前警察	哈得孙	哈得孙	接受承包商的回扣	2000	2004	敲诈承包商约5000美元
安东尼·鲁索	市长，1993～2001年	霍博肯	哈得孙	敲诈和受贿	1995～2000	2004	至少接受317000美元为会计机构提供城市合同
约瑟夫·奥利玛	乡镇行政管理员	北卑尔根	哈得孙	受贿	1993～2000	2002	奥利玛，赫尔南德斯和佩雷斯接受了承包商的免费房屋改造和现金贿赂
赫尔南德斯·约瑟夫	采购代理	北卑尔根	哈得孙	受贿	1993～2000	2002	
皮特·佩雷斯	乡镇专员	北卑尔根	哈得孙	受贿	1995～1997	2002	
扎普拉·文森特	乡镇助理	北卑尔根	哈得孙	邮件诈骗	1996～1997	2002	保险诈骗
阿尔伯特·芒戈	北卑尔根规划董事会前主席	北卑尔根	哈得孙	受贿	2000	2001	索取并接受贿款

续表

宣判有罪者的名字	犯罪时的职务	代表的司法权限	县区	宣判的罪行	犯罪年段	判刑年段	违法描述
雷内·阿布鲁	市长助理	西纽约	哈得孙	敲诈	20世纪90年代后期	2002年起诉	一位认证人指证转送贿款,从非法赌博商转送给地方高官
6个无名警察	警察局长和警察	西纽约	哈得孙	受贿	20世纪90年代中期	20世纪90年代后期	受贿保护非法妓院和赌博
里奥·瓦登	市长、律师、哈得孙县前检察官	卡尼	哈得孙	挪用公款和逃税	20世纪90年代后期	2002	1977年挪用选举基金(个人使用20000~70000美元)没有报收入税
皮特·拉维拉	市长	古腾伯格	哈得孙	逃税	1996~1998	2003	挪用选举捐款于个人股票
弗兰克·塔格斯塔	警察侦探	泽西城	哈得孙	敲诈	2002~2003	2003	接受非法彩票商的酬金,保护诈骗
吉恩·安德森	副司法常务员,人口统计员	哈得孙	哈得孙	共谋	2000	2004	给拉森德拉·伯哈杜尔提供假出生证明,他付款给安德森,然后再卖给尼基尔·哥斯瓦米,哥斯瓦米在2004年被判非法转让文件罪
安东尼·伊姆普里维杜里托	担任议员17年,伦理委员会的成员	北泽西州立法院	哈得孙(选自)	滥用和误传政党选举费	1999~2004	2004	用选举资金支付至少两次国外旅行,还有家具、助听器、眼镜、税支,至少有50000美元使用不当

续表

宣判有罪者的名字	犯罪时的职务	代表的司法权限	县区	宣判的罪行	犯罪年段	判刑年段	违法描述
詹姆斯·特雷芬格	县长	埃塞克斯县	埃塞克斯	邮件诈骗、妨得司法公正	2000	2003	索求15000美元非法选举捐款，交换县里一份没有标书的铺路合同；在县里安排了两个岗位，专门为再选服务
托马斯·达莱西奥	县长，县民主党组织主席	埃塞克斯县	埃塞克斯	洗钱和受贿	20世纪90年代初期	1994	为了拿到北泽西驾照，收了州外一位垃圾运输工的59000美元
肯尼斯·吉普森	市长，1971~1986年	纽瓦克	埃塞克斯	税务诈骗	1993	2002	没有申报涉及78000美元的额外税收；工程队开了欧文顿北泽西学校董事会超过100万美元的服务费，但没有提供服务
大卫·富勒	商务行政官，校董事会会长	欧文顿	埃塞克斯	接受承包商的回扣	20世纪90年代后期	2001	接受肯尼斯·吉普森的贿款维持合同
唐纳德·西拉斯	校董事会成员	欧文顿	埃塞克斯	引诱证人	20世纪90年代后期	2001	煽动别人散布谣言受贿
萨拉·博斯特	市长，1994~2002年；前埃塞克斯县立法议员	欧文顿	埃塞克斯	引诱证人，谈条件降低指控	1999	2003	1999年接受承包商1500美元的回扣和公寓楼开发商7000美元的贿款；说服一位城市员工在城市铺路合同问题上向联邦调查局调查人员撒谎

续表

宣判有罪者的名字	犯罪时的职务	代表的司法权限	县区	宣判的罪行	犯罪年段	判刑年段	违法描述
马丁·巴尼斯	市长	帕特森	帕萨科	邮件诈骗，税务诈骗	2000	2002	接受了六个承包商的贿款20万美元，包括一家铺路公司1600万美元的合同。接受了14次免费旅行、礼物（服装、现金、装修）以及聘用了女伴
尼古拉·迪多纳	县行政官	帕萨科县	帕萨科	合谋邮件诈骗	1993~1997	2000	密谋把县区合同批给一家咨询公司，回向县区一位政党官员提供回扣
皮特·A·墨菲	共和党领导	新泽西大西洋郡	帕萨科	邮件诈骗	1994~1998	2001	为一家公司安排价值300万美元的护理和药品检测服务合同，受贿总计70000美元，分发给四位墨菲党联盟；服刑一年后撤销宣判
康威·曼古洛	公共工程总监	帕特森	帕萨科	敲诈	1997~2001	2002	接受75000美元的敲诈款，给一家纸制品供应商签发一份新城市合同
查尔斯·塔利	房管委员会专员	普莱恩菲尔德	尤宁	敲诈	1995~1996	2000	索要开发商的10000美元+，支持兴建卫生保健场设施
理查德·H·戴维斯	商务行政官	威科夫教育董事会	卑尔根	挪用款项，密谋隐瞒金融交易	1993	2001	支付乡镇承包商170万美元的服务费却从未服务，和承包商分了这笔钱

损害我们的形象

位也被起诉或判刑,一位开发商、一位会计、一位詹尼泽夫斯基的助手。[75] 一次又一次,腐败平等地给予老板们机会:詹尼泽夫斯基是波兰籍白种美国人、布雷克是非裔美国人、达维拉·科隆是西班牙裔人。

哈得孙县的流氓

也许没有人会说哈得孙县的官员舞弊行为绝迹了。但是也许快要绝种了。很明显黑手党的情况也是如此。事实上,有的人认为二者之间有关联。但是随着北泽西老式的政治机器大量地退出舞台,黑手党通过报酬等手段为诈骗寻求保护的机会也退出了舞台。没有不正当的市长、议会议员、警察等官员的合作,赌博、放高利贷、开妓院就难以进行。但是,就像地质样品中的微量元素,集团犯罪随时都会被发现。也许哈得孙县纽约诈骗中最顽固的部分集中在紧邻泽西城的巴约纳。国际码头工人协会的本地1588号(Local 1588)被设为总部。

在格诺夫斯犯罪家族的控制下,过去30年间,本地1588号和许多犯罪有牵连。工会领导被指控要求想提升的、要加班费的、岗位培训的会员支付黑手党回扣。那些在工会吃空饷的被没收部分工资。如果航运公司管理人员不支付诈骗的钱,会受到码头工人骚乱的威胁。据说格诺夫斯的员工"班尼蛋"曼加诺和"强尼香肠"巴巴托每从船上卸一件货物就要收取25美元的"关税"(tariff)。[76]

根据指控，甚至工会的救济金和处方药也掌控在格诺夫斯组织手中。最近几年，本地 1588 号至少有四位头目犯有各种罪行：如挪用工会基金等。[77] 联邦法官已经指示派警察部门暂时控制工会。[78]

不是所有的哈得孙县黑手党都是水域企业家。曾经住在泽西城的居民埃尔维斯·伊利扎里是犯罪集团的执行者，在 2001 年被判有多重谋杀罪。受害者中有两人于 1993 年在北卑尔根遇害，他前女友的儿子于 1997 年在巴约纳遇害，一个男人于 1993 年在布鲁克林遇害，第五个人于 1994 年在泽西城遇害。有一位遇害者被他捅了 40 多刀。他还在街上跟踪另一人，并开枪击中其后脑勺。另外，伊利扎里被判刑还因为他纵火烧毁了泽西城的两处房子和纽瓦克的一辆汽车，在布鲁克林抢劫，以及放高利贷和贩卖可卡因。[79]

但是，当黑手党发生暴力时，通常没有那么激烈。有一个约瑟夫·"乔·柯利"·塔格利纳迪的案例，他试图收取巴约纳汽车喷漆维修厂老板的保护费。因为领导密谋诈骗和身体威胁，黑帮在 2003 年被判处 46 个月的监禁。塔格利纳迪的实施者弗兰克·"大弗兰克"·帕斯托被判处 39 个月的监禁。[80]

《盗亦有道》，诈骗，腐败的形象

政治腐败和犯罪集团的两个困境如一对双胞胎根植于

北泽西身份的核心。两个咒语一代一代地延续，没人相信会很快消失。值得称赞的是，大众媒体、改革组织、联邦和州当局不懈努力地降低"盗"和骗的影响。虽然当黑手党和黑客的行为公之于众时许多人表示沮丧，但公众反应中的另一方面大约是色欲兴趣。毕竟，身居高位和有权者从政府栖枝翻滚下来时有两种感觉：禁止和瘙痒——相似于地位低下却强大的被连根拔起的黑社会骗子。北泽西人可能会认为邪恶的政客和黑帮代表不了分区，但许多人温顺地服从于他们的存在。一代一代的泽西人忍受着州高速路的笑柄、污染、贫民窟、垃圾等。他们好像在想，如果没有邪恶的政客和暴徒，什么会把北泽西放在地图上？虽然北泽西有风景山脉，但没有一座比得上丹佛之外的山。有湖，但远比不上优雅的明尼阿波利斯、克利夫兰、多伦多的湖水有气势。北泽西人和芝加哥人一样，享受着宏伟的天际线，但那是曼哈顿的，不是纽瓦克的，不是帕特森的，不是伊丽莎白的，也不是泽西城的。尽管分区富有、教育成就高、现在和过去的居民许多是杰出人士，但仍然挣扎在邪恶的政客和光鲜的骗子的长久传统中。北泽西人对这些问题的态度差异很大，要么沉迷于娱乐、要么因厌倦而辞职。对于一些人，最喜欢的事情莫过于一条令人咂舌的丑闻。对于另外一些人，也许有这种情况：其他州死去吧，因为以谄媚的官员和险恶的黑帮而闻名要比以谷类生产、奶酪吨位或长角牛出名更有趣。

第 6 章

形象、身份、版图

本书把北泽西描绘成大纽约区的一个分区,其社会、文化、政治和经济轮廓已经从内到外形成。在州内一直进行着持久的斗争,在合众和为一之间,在集体责任管理和个人目标实现之间。种族、阶层、族群、民族、宗教的复杂性促使形成这场斗争——逐渐地也形成地方主义、土地、自然资源的局限。除去这些主要的内部斗争以外,还有一系列跨哈得孙河的激烈矛盾,主要根植于政治和经济,受到教育、竞争或二者多样性的驱动。北泽西的地方新闻和职业体育提供一个视角,看到场所和文化的认知如何被以曼哈顿为基础企业的完全主导性遮蔽。另外,政治腐败和集团犯罪说明城市自豪感和对政府的信任感如何从里到外被损害。

大纽约区曼哈顿-北泽西轴线的这幅肖像不是静态的。随着新泽西人口和商业环境的发展,曼哈顿和北泽西郊区之间的经济、政治权力的平衡发生了一定改变。[1]这些反过来加强了花园州政府和企业领导解决跨边界问题的力度。最终，今天的领导者比20世纪六七十年代前辈们立场更坚定地与大苹果政府及企业对手周旋。不只是北泽西的白领经济发展了，全球经济的发展也已经大大改变了结构。医药健康业、娱乐业、高科技、金融服务业、房地产业的企业资本在适应国内外的秩序。其后果是曾经划清的权力界限在某种程度上削弱了，当时给了纽约城影响北泽西生活诸多方面的机会。正如两个经济学家所认为的，新泽西人"在郊区和城市之间建了一堵'防火墙'（fire wall）"，导致了双方"更坚强和更多样性。"2

然而，曼哈顿的长臂仍然对北泽西的诸多生活产生影响。过去曼哈顿在皇家殖民政府统治下对北泽西施加影响，今天大众媒体、职业体育、集团犯罪帝国强化了以市场为基础的权力模式，通过花园州的合作——可能是激情的、冷漠的或违心的。另外降低曼哈顿和北泽西之间经济政治分歧已经付出了代价。为了承纳新人口、新企业，北泽西社区用土地和自然资源作交换，主要交换经济利益。但是，利益分配不当，外北泽西的新郊区化县（莫里斯、萨塞克斯、华伦、亨特顿、萨默赛特）成为纽约城经济的主要经济平衡区。今天外北泽西在内北泽西的西边和南边形成一条弧线。3 同时，内北泽西的这五个城市化县区经受了越来越严重的种族和社会经济隔离，经济下滑，自然衰退。虽然内北泽西一直包容经济利益和文化身份的差异，外北泽西显示出一个更富有的、差异性小的社会形象。也许最区分内外北泽西的是空间差异。尽管内北泽西有几处特别的相对同一的社区，大部分居民从不搬迁远离不同种族、不同族群或不同宗教的居民。但在外北泽西，蔓延在不同环境的人们之间产生了很大距离——也许是冷漠（如果不是敌意的）。

边缘城市、后郊区化蔓延、高速路、更大自动车和住房，甚至更大人口，吞食了北泽西无数英亩的剩余开放空间。与此同时缩小了自然王国，对分区的长期的可持续性发展提出了挑战。州政府和地方政府持续追求就业、收入、税收、闪亮的新建筑。政治家和规划师们跳着华尔兹迎合着70年代总体规划、80年代增长管理、90年代精准增长的乐调，虽然每一首都屈服于政治经济不和谐的音乐，但却飘逸地寻求新的抒情诗。在任何情况下，北泽西人检验了什么是人文关怀的极限。然后小有吃惊的是1999年的民测显示只有14%的州居民认为新泽西当时13年的发展项目是成功的，差不多三倍的人（39%）认为不成功，而其余的（47%）认为是混合成功。[4]

更让人惊讶的画面是颗粒化地方政府模式破坏了百姓和官员有效地解决发展中挑战的能力。在过去的30年，州政府在发展问题上提升了形象，但是一直被观望，看政治意愿是否能匹配挑战。许多北泽西社区的发展更像是酒精依赖：就像一个人喝一次便会喝第二次、第三次，与此一样，更多的分区或购物中心导致下一个又下一个。虽然发展使得北泽西部分地抵制了曼哈顿的长臂，但相关联的土地、自然资源代价的全面影响是必须面对的。

做北泽西

虽然在过去 30 年中北泽西的发展已经摆脱了曼哈顿对分区政治经济的控制，但哥谭镇仍然是商业、潮流、大众媒体、娱乐、文化的国际化中心。在这方面已经改变了单纯城市的身份，成为全球的利益体，其产品、服务、形象全球范围内都有需求。哥谭镇的影响如此强大，对周围郊区的影响是美国其他中心城市所无法比拟的。但 2003 年的一次民测显示不是所有居住在北泽西的人认为影响是不需要的。研究表明，北泽西（75%）评判新泽西是一个"优秀的"或"好的"居住地的人比中泽西（69%）或南泽西（68%）的比例高。相反中泽西（31%）、南泽西（32%）的人认为新泽西"仅仅一般"或"差"，比起北泽西人（24%）的比例要大一些。[5]

同样，当问及作为一个居住地如何比较他们州和其他州时，认为"较好"的北泽西人（34%）比中泽西人（30%）和南泽西人（25%）多。另外，北泽西人（53%）认为作为新泽西居民"很"自豪，比中泽西人（45%）和南泽西（51%）多。当问及新泽西的意象总体上在外界人看来是积极的还是消极的，50% 的北泽西人认为是积极的，46% 的认为是消极的。中泽西人和南泽西人更趋向于认为是消极的。[6] 在 2001 年还做过一次民测得到了类似的结果。[7] 虽然差异不大，但表明居住在曼哈顿附近被许多北泽西人认为是加分。[8] 所以，即使曼哈顿的影响减弱了北泽西较强的场所感和身份，他们带来的补偿许多居民似乎很在意。

事实上还有一个原因，许多北泽西人是花园州和哥谭镇的"双重公民"（dual citizeus）。数万人在纽约工作，偶尔参观城市，（或）存储曾经住在那里的记忆。[9] 当然，不是所有居民都这么认为，有的即便无敌意，也和堪萨斯州或密西西比州人的内心一样，对哥谭镇漠不关心。[10] 无论北泽西人去曼哈顿多还是少，他们对自身和对社区的认知无可置辩地在某种程度上受到了曼哈顿经济、政治和文化输出的影响。

曼哈顿在世界共同体中获得了中心舞台的地位。作为全球的首都，通过电影、纽约的商品、工作室的电视广播、华尔街的金融贸易吸引了全球目光。世界的艺术和工艺品在画廊和博物馆展出，世界的表演艺术家登上舞台。还有每年数百万的旅游者来自世界各地，走在曼哈顿的街上。简而言之，作为全球利益体，曼哈顿永远都在镜头里。

但在镜头后面是另一番情景。住在大纽约区曼哈顿外的人最明白。在某些方面是一个亚世界，与都市美国的其他地方一个样，有乙级联赛棒球比赛、PTA会议、后院烧烤。但也是一个通过世界镜头过滤人类经历的地区，永远聚焦曼哈顿的人、地点、事件。距离曼哈顿近给郊区居民带来了机会，但也破坏了北泽西强烈的场所感和文化认同感的形成。结果，在哥谭镇的阴影下做一个北泽西人就是要分身居住，也许生活中太少的地方可以明确称之为"泽西"。

说北泽西在哥谭镇的阴影下挣扎仍然不意味着北泽西独自承受。特别是内北泽西和附近的布鲁克林、皇后、布鲁克斯自治区的身份在很多方面都一样。[11] 它们都有近百个街区，密集的住户、街角酒吧、夫妻店、社区餐馆、运作或废弃的工厂，以及文化背景差异丰富的人们。它们都在舞台上容忍配角的身份，而曼哈顿永远是主角。一代又一代的观察者利用北泽西和这些区获得笑料：有歌舞杂剧表演、电影、小说、喜剧有线频道。有时候典型的纽约人自己选料。比如在电影《沉睡者》中，伍迪·艾伦打趣道："我是你所称之为的一个目的论的、存在主义的无神论者。我相信有一种智商解读宇宙，不包括新泽西的某些部分。"[12] 同样，卡尔文·特里林说："他假装集中精力读报，事实上他在想新泽西，想象一个到处是大面积的购物中心停车场，任何傻瓜都能找到车位。"[13] 也有时候听到更远地方的调侃，如《迈阿密先驱报》专栏作家写道，"美国一直在搞臭蛋。''为什么？'你说。'我们不是一直都有个新泽西吗？'"[14]

相反，从北泽西看曼哈顿的形象更多是可尊可敬。比如，有一个纽约人回忆他在北泽西度过的青年时光和曼哈顿天际线的魅力。"当我到达山顶，看到一望无际的哈肯萨克草原。我喜欢坐着，穿过薄雾注视着幻想在遥远的地方升起。远处好像梦一样，如奥茨园的翡翠城"。[15]

好像幽默常常来自纽约自治区和北泽西，不是曼哈顿，同样因为它们所处的地位。[16] 尽管有相似性，但布鲁克林、皇后、布鲁克斯比北泽西有优势不可否认：它们都不是曼哈顿亲生的，但如果只靠1898年与纽约城市区合并的"婚姻"，它们仍是"一家人"。北泽西，相比较而言，和曼哈顿既没有血缘又没有婚姻。所以，北泽西人有时候觉得他们的分区形象相似于街区的私生子。这样，北泽西比那几个区更可能在生活的取笑表上得到完美的十分。

庆祝北泽西

尽管北泽西生存中有许多挑战，一路摸索前行，但这些挑战没有讲出全部的故事，因为解释不了新泽西为什么在周围的州持续失去人口的时候仍持续发展。是什么吸引人们年复一年地来到花园州？很明显，北泽西距离曼哈顿近，就业机会多，有购物场所、文化资产，这些都是重要的吸引点。但这就意味着北泽西的吸引力严格地局限在和大苹果的关联上了吗？难说。

多数来访者也许会同意分区内陆资产——湖泊、山脉、林地——很少能比得上附近的纽约州或宾夕法尼亚州。但是对许多纽约人和新泽西人来说更方便，他们年年都去。这些海岸线吸引了纽约州北部和宾夕法尼亚州数以万计的旅游者，只有这里有如此长的沙滩。所以，北泽西自然开放空间的所有便利性是分区中生活的吸引点。

再有就是北泽西的社区生活。很久以前，新英格兰文化精神向南渗透，承载在北泽西大村小庄的殖民者身上。今天，除颗粒化政府和后郊区化之外，人们可以发现有几十个小社区，中心充满魅力、店主友爱和好、地形趣味无限、居室宜人舒适、邻居和睦相处。爵士乐、民乐、摇滚乐、古典音乐等音乐会和各种节日丰富多彩。每年盛会有重演革命战争的战斗、芭蕾舞剧、热气球运动会。艺术和工艺品展览定期举行。老爷车、斩波自行车、古董、现代家具、老电影、老唱片的爱好者，以及20世纪50年代的吃神们都可以发现这里是畅怀欢迎的一个家。简言之，北泽西到处可见富人、粗人、杂人和怪人。

另一个衡量北泽西魅力的方法是想想谁这些年一直称北泽西为家乡。曾居住在北泽西的杰出美国人的名单会很长。不说乔治·华盛顿、亚历山大·汉密尔顿、阿伦·伯尔以及几位独立宣言的签名者，比较卓越的人计算一下有发明家托马斯·爱迪生，塞缪尔·摩斯；政治漫画家托马斯·纳斯特；诺贝尔奖获得者物理学家阿尔伯特·爱因斯坦；总统格罗夫·克利夫兰；作家斯蒂芬·克雷恩和埃德蒙·威尔逊；诗人沃尔特·惠特曼、威廉姆·卡洛斯·威廉姆斯和乔伊斯·吉尔默；音乐家威廉姆·贝西伯爵；废奴主义者哈丽特·塔布曼；演员保罗·罗伯逊；喜剧演员巴德·阿伯特、卢·科斯特洛和杰瑞·刘易斯。20世纪后期杰出的新泽西人有爵士乐音乐家迪兹·吉莱斯皮，歌唱家莎拉·沃恩、惠特妮·休斯敦、狄昂·华薇克、康妮弗朗西斯、乔恩·邦·乔维和保罗·西蒙,诗人阿米里·巴拉卡(勒罗伊·琼斯)和艾伦·金斯堡,作家诺曼·梅勒和菲利普·罗斯,女演员梅丽尔·斯特里普、奥林匹娅·杜卡基斯和奎因·拉蒂法,男演员乔·皮斯科波,乔·佩西、布鲁斯威利斯,凯文·史派西,约翰·特拉沃塔,丹尼·迪维图,汤姆·克鲁斯和杰克·尼科尔森,宇航员埃德温·巴茨·奥尔德林说唱艺人 Ice-T,运动员沙奎尔·奥尼尔,家居装饰大亨玛莎·斯图沃特。[17]

然而,在所有的"名册"(alumni)里也许没人比得上弗兰克·辛纳特拉和布鲁斯·斯普林斯汀的名气。两人都是花园州土生土长的儿子,被全世界数百万人捧红。辛纳特拉在北泽西霍博肯长大,斯普林斯汀在承袭地长大,在分区的南部(这里就这么叫吧)。两位歌唱家起家于工人阶级家庭,都取得了骄人的成功,即使以白人听众为主。两人分别为"董事会主席"和"老板",辛纳特拉和斯普林斯汀都具有美国流行文化的签名效应。他们的音乐捕获了一代又一代,从 20 世纪 40 年代的少女到今天的摇滚歌迷。

虽然两人受到花园州大量民众的欢迎,但斯普林斯汀成功地把泽西血缘织入了艺术。他的新歌讲述的是这个州的现实。他有一首歌《州警察》,出自 1982 年的内布拉斯加专辑,他记起新泽西的付费公路:"新泽西的付费公路,驾驶在雨夜,在炼油厂下发光 / 黑色的河从那里流过。"[18]在《罗莎丽塔》中,选自《荒原》《天真》《E 街的混乱》

(1973年),"老板"讲述了新泽西汽车文化的不同一面:"我爆胎了,差点崩溃,可主对我怜悯／我的车,她是个废物,陷入泽西沼泽里的某个泥坑。"[19] 在《大西洋城》,同样选自内布拉斯加专辑,斯普林斯汀唱到新泽西小镇的夜晚:"画上你的妆,盘好你的发,小可爱／今晚在大西洋城我们约会。"[20]

斯普林斯汀的新歌迷住在北泽西,他的歌引起了他们的共鸣。他表达快乐、冒险、笑声、谦恭温暖地向往新泽西生活。也许新泽西的根为他提供了很多,斯普林斯汀发现越来越均质化的美国生活有一些接近自然的方面。但在他用音乐画笔创作的风景下面是对人类的尊敬,他们的生活应该多表达一些。和北泽西歌迷产生共鸣的是斯普林斯汀一贯失败者的形象,如果不是现实。

有迹象表明分区数百万美元的住宅、高水平的收入、非同一般的街区、显赫的居民、厚重的历史有点淡化了哥谭镇投下的黑影。而相对逃不掉。如此多的北泽西人的。工作岗位和纽约城经济绑定。更多地受到被城市媒体帝国所吸引的影响。在影视和运动中寻求解脱只是再次提醒,场景和球队的身份是哥谭镇而不是花园州。也许确切地说,因为这些影响,斯普林斯汀的抒情歌曲关注北泽西的生活,发现一些土生的、纯真的东西去庆祝。

注 释

序

1. 约翰·布鲁克斯,《草地》,选自《新泽西读者》(新布朗斯维克,罗格斯大学出版社,1961 年),3-25 页。
2. 罗伯特·苏利文,《牧场:城市边缘的荒野探险》(纽约,道布尔迪出版社,1999 年)143-145 页。
3. 同上,153-163 页。
4. 同上,168-171 页。
5. 布鲁克斯,4,8 页。
6. 同上,7 页。
7. 苏利文,93-106 页。

第 1 章

1. 据美国人口普查局估计,2004 年新泽西人口达到近 870 万,自 2000 年增加了近 2.85 万人。见罗伯特·格贝洛夫,《我们想要离开的州》,出自《明星纪事》,2005 年 4 月 15 日,第 1 期。
2. 一些地理特征仅仅指代新泽西州的北部和南部,以该州的中部划分。如见凯文·科因《跨越大分水岭》,出自《新泽西月刊》

30（2005年）：1: 48-51页。另有说法将中部州的一小部分县定义为中泽西（Central Jersey）。虽然我在这本书中主要讨论的是北泽西，但我对中泽西的引用一般包括墨瑟、德莱赛克斯中部和蒙茅斯县。普林斯顿和新布朗斯维克大学大学城以及横跨1号公路的零售和先进服务就业走廊位于中泽西。因此，南泽西包括伯灵顿、海洋、卡姆登、格洛斯特、大西洋、塞勒姆、坎伯兰和梅肯角县。尽管我这里不这样做，一些观察者可能更愿意将大西洋沿岸的四个县定义为泽西海岸（Jersey Shore），一个单独的区域。

3. 关于在曼哈顿工作的北新泽西人，目前没有找到确切数据。一项资料表明，在2000年有30.8万新泽西人于纽约市工作。参见纽约联邦储备银行高级经济学家Rae D.Rosen于2003年10月6日在伦敦举办的"城市的价值"国际会议上所做的介绍，检索于2005年1月21日，http://www.london.gov.uk/mayor/economic_unit/value_cities_presentation/NewYorkRaeRosen.rtf。另一项资料显示，2001年，新泽西州有近32.3万名工人受雇于纽约州。参见纽约州税收政策分析办公室2004年9月发布的年度统计报告《纽约调整后的总收入和税收可征税性》，2005年1月21日检索于http://www.tax.state.ny.us/pdf/stats/statPit/cor/Analysis_of_2001_ny_state_personal_income_tax_returns_place_residence.ptf。2000年的人口普查数据显示，新泽西州每天有超过252万名工人通勤至曼哈顿。参见史蒂夫·钱伯斯和罗伯特·格贝洛夫，《郊区的十字路口变成了新兴城镇》，出自《明星纪事》，2003，12月

31日,1,6页。

4. 《大都市:美国东北沿海的城市化》,纽约《20世纪基金》,1961年。

5. 参见苏珊·S·费恩斯坦,《城市建设者:伦敦和纽约的房地产、政治和规划》(劳伦斯:堪萨斯大学出版社,1994年)和加内特·L·阿布-卢格霍德,《纽约、芝加哥、洛杉矶:美国的全球城市》(明尼阿波利斯和圣保罗:明尼苏达大学出版社,1999)。

6. 小查尔斯·A·斯坦斯菲尔德,《新泽西:地理》(博尔德,科洛:维斯特维尔出版社,1983年),21页;以及托马斯·弗莱明《新泽西:两百年历史》(纽约:W.W.诺顿公司,1977年)。根据弗莱明(14-16页),珀斯安博伊通过在英国法院的审判,以最终摆脱从纽约强加的关税。

7. 斯坦斯菲尔德,22页。

8. 史丹利·N·沃尔滕、威尔伯·E·阿普加、丹尼尔·雅各布森、亚伯拉罕·雷斯尼克,《新泽西过去与现在》(纽约:海登图书公司,1964年),52-58页。

9. 弗莱明,85-86页。作为一个小州,新泽西州主张每个州不论大小和人口,国会代表人数相同。而纽约州等较大的州则要求按照选民的人数比例分配代表(议员)。这个伟大的妥协(Great Compromise)决定了每个州在参议院议员人数相等并同时在众议院以选民人口比例分配代表(议员)。

10. 沃尔滕等,59-63页;弗莱明,82-85页。

11. 弗莱明,98页。

12. 约翰·E·庞弗雷特,《新泽西殖民地：历史》(纽约：查尔斯斯克里布纳之子,1973),200页。

13. 弗莱明,93,112页。

14. 詹姆逊·H·多伊格,《哈得孙河上的帝国纽约港务局的企业愿景与政治权力》(纽约哥伦比亚大学出版社,2001年),69页。纽约州和新泽西州共有12个县的部分地区被纳入管理局管辖范围。

15. 多伊格,71-119页。

16. 杰罗米·H·克兰默,《汽车时代的新泽西：一部运输史》(普林斯顿：D·范诺斯特兰德公司,1964年),38-39页。

17. 多伊格,113页。

18. 克兰默,69页。纽约港务局,第19期年度报告(1939年):31-32,38页。

19. 克兰默,70-72页。纽约港务局,第19期年度报告34-36,50-51页。

20. 克兰默,73-78页。纽约港务局,第19期年度报告39,50页。

21. 安格斯·克雷斯·吉莱斯皮,《双子塔：纽约世界贸易中心的生活》(新布尔斯维克：罗格斯大学出版社,1999年),25-30页。

22. 克兰默,73-78页。

23. 纽约港务局,第三十一届年报(1951年):35-36页。

24. 同上,86-92页。

25. 肯尼斯·杰克逊,《杂草的前沿：美国的郊区化》(纽约与牛津：牛津大学出版社,1985年),268页。

26. 多伊格,382-392页;吉莱斯皮,35-40页。

27. 纽约港务局，1962 年报 :32-39 页。

28. 多伊格，385-388 页。

29. 同上，385-390 页。

30. 纽约和新泽西港务局，《迎接全球挑战：综合年度财务报告》(1989):18 页。

31. 纽约和新泽西港务局，1984 年度报告 :7-8 页。

32. 马克·穆勒和玛丽·乔·帕特森，"贸易中心最终的可怕损失 :2749 人"《明星纪事》,2004 年 1 月 24 日,3 页。另参见《丧亲，先驱者沿着孤独的道路寻求和平》,《纽约时报》,2002 年 9 月 8 日，28 页。

33. 迈克尔·N·丹尼尔逊和詹姆逊·W·多伊格,《纽约 : 城市区域发展的政治》(伯克利和洛杉矶 : 加利福尼亚大学出版社，1982), 151-153 页。关于 MRC 失败的相似分析，见约翰·泰尔福德《后郊区 : 边缘城市的政府与政治》(巴尔的摩 : 约翰霍普金斯大学出版社，1997), 118-119 页。

34. 摘自最高法院对埃利斯岛的判决,《纽约时报》, 1998 年 5 月 27 日，B7（期刊资源历史报纸）。

35. "纽约对埃利斯岛的称呼",《纽约时报》, 1998 年 1 月 13 日, A18（期刊资源历史报纸）

36. 同上。关于埃利斯岛争议的解释见杰拉尔德·本杰明和理查德·P·内森,《区域主义与现实主义 : 纽约大都会区的政府研究》(华盛顿特区 : 布鲁金斯学会出版社，2001 年), 34-35 页。

37. "埃利斯岛"，微软电子百科全书 2004，http://encarta.msn.

com。另参见 www.saveellisisland.org。自从法院做出决定以来,新泽西的一个小组已经准备了一份计划,建议修建国际会议和中心的设施。建议目的包括研究移民贡献、种族学习、公共卫生、保护和保存以及哈得孙河谷的历史。

38. 查尔斯·V·巴格利,"预算危机终结了新泽西州的工作吸引项目计划",《纽约时报》,2003年1月31日,B1,B7。

39. 查尔斯·V·巴格利,"高盛申请商业补助",《纽约时报》,2003年12月12日,B1-B8。

40. 同上。

41. 大卫·M·赫尔辛豪尔,"针对非居民的税收计划目标直指其钱所在",《纽约时报》,2002年11月16日,B4;罗恩·马尔斯克,"泽西人可能会受到通勤税的打击",《明星纪事》,2002年9月5日,1页;罗伯特·施瓦·伯格和杰夫·惠兰,"泽西权衡阻碍纽约通勤税复苏的选择",《明星纪事》,2002年9月6日,37页。

42. 杰夫·惠兰,"麦格里维中止了关于纽约垃圾转运站的讨论",《明星纪事》,2004年2月18日,11页。

43. 纽约地区负责规划问题的组织区域规划协会负责人鲍勃·亚罗给出了一个略有不同的描述。他称纽约州和新泽西州之间的关系"就像板块构造一样",暗示着两州政治的地震性和不可预测性。作者注记,新泽西州区域计划协会会议,2002年5月6日,伊丽莎白。

44. 弗莱明,204页。

45. 这种政治势头的一个案例是纽约州和新泽西州国会代表团面

临的压力,要求他们为共同关心的问题进行合作。自 1970 年以来,由于国会将选区重新划分到人口不断增长的阳光地带,这两个州都失去了众议院的议员。由于来自纽约州和新泽西州的议员在 435 名众议院议员中的总票数有所下降,他们便有了更大的共同目标。

第 2 章

1. 迈克尔·N·丹尼尔逊和詹姆逊·W·多伊格,《纽约:城市区域发展的政治》(伯克利和洛杉矶:加利福尼亚大学出版社,1982 年),262-264 页。
2. 美国人口普查局,表 30,"大都市圈——人口:1980～2000 年",《美国统计摘要》(2002),32 页。
3. 彼得·O·瓦克尔,《土地与人民:新泽西的文化地理:起源与定居模式》(新布朗斯维克:罗格斯大学出版社,1975 年),74-81 页。另参见理查德·P·麦考密克,《新泽西州:从殖民地到州》修订版。(纽瓦克:新泽西历史学会,1981),第 1-9 页。
4. 麦考密克,1 页。
5. 同上,37 页。
6. 瓦克尔,50 页。
7. 同上,201-203 页。
8. 以及托马斯·弗莱明《新泽西:两百年历史》(纽约:W·W·诺顿公司,1977 年),115 页。
9. 麦考密克,23-27 页。
10. 同上,93 页。

11. 同上，80 页。作者观察到，1786 年新泽西州有 36000 人属长老会 (24%)、24000 贵格会教徒 (16%)、24000 人为荷兰改革派 (16%)、15000 人为开尔文主义者 (10%)、12000 人属路德教 (8%)、12000 人为浸信会 (8%)、10000 圣公会教徒 (6.7%)，以及很少的门诺派教徒和天主教徒。超过 14600 人 (近 10%) 被认为没有加入宗教组织。

12. 麦考密克，81 页。

13. 同上。

14. 弗莱明。129 页。

15. 小查尔斯·A·斯坦斯菲尔德,《新泽西：地理》(博尔德,科洛：维斯特维尔出版社，1983 年)，59 页。有关一项新泽西州移民群体的研究，请参见戴维·史蒂文·科恩主编的《美国，我生命的梦想》(新布朗斯维克：罗格斯大学出版社，1990)。

16. 布莱恩·多诺霍,"移民浪潮继续冲刷着新泽西州海岸",《明星纪事》2003 年 7 月 15 日，13 页。数据列出了这两名作为合法移民抵达新泽西的人，以及那些通过移民归化局成为合法移民的人。

17. 布莱恩·多诺霍和罗伯特·格贝洛夫,"拉美裔更清晰的写照",《明星纪事》，2003 年 5 月 6 日，25 页。

18. 布莱恩·多诺霍和罗伯特·格贝洛夫,"人口普查追踪技能和菲律宾人的成功之路",《明星纪事》, 2003 年 4 月 29 日，1 页。

19. 罗伯特·格贝洛夫,"移民使新泽西人口持续增长",《明星纪事》，2003 年 9 月 18 日，19 页。

20. 罗伯特·格贝洛夫,"人口普查揭示了更多样化的州",《明星纪事》，2003年9月18日，29页。

21. 泰德·谢尔曼，"泽西岛日渐衰落的欧洲遗产"，2002年5月26日，1页。人口普查局的数据是基于塞尔dent的受访者在1990年和2000年人口普查；受访者被允许表明多个国家的血统，不过只有前两个会被记录。因此产生的人口总数比该州的实际人口更高。

22. 布莱恩·多诺霍，"泽西岛移民人数激增"，《明星纪事》，2002年9月20日，1页。

23. 这些数字来自2000年十年一次的人口普查。美国人口普查局最近的评估显示，佐治亚州的人口已超过新泽西州，北卡罗来纳州的人口也将很快超过新泽西州。如果属实，这个花园州现在将是全国人口第10或第11的人口大州。见罗伯特·格贝洛夫，"可能看上去很拥挤，但泽西岛增长滞后"，《明星纪事》，2004年12月22日，19页。

24. 乔纳森·卡西亚诺，"仍然涌向机会之国"，《明星纪事》，2002年11月27日，2页。在2001年，新泽西州接收了近6万移民，超过了伊利诺伊州、马萨诸塞州、弗吉尼亚州、华盛顿州和马里兰州。新泽西州的移民人口占该州总人口的18.5%，按比例计算，新泽西州的非本地人口已位居全美第三，仅次于加利福尼亚州和纽约州。

25. 美国人口普查局，"州县摘要"，新泽西州数据中心，http://quickfacts.census.gov/qfd/states/34000.html。

26. 一项资料来源计算了美国城市和大都市区的差异指数，这是一项广受尊重的、肯定存在种族隔离的指标。2000年，衡量黑人和白人隔离程度的指数分别为778和804。高于60的值被认为是非常高的。见"2000年城市种族和民族变化人口普查",纽约州立大学奥尔巴尼刘易斯·马姆·福特中心。检索于2005年1月21日,http://mumford1.dyndns.org/cen200o/wholepop/wpsegdata/564omsa.htm。

27. 图表(2001年)来自"纽瓦克,PMSA——大都市统计区数据"和"纽瓦克——市立学校学区种族隔离数据"。纽约州立大学奥尔巴尼刘易斯·马姆·福特中心。检索于2005年12月12日,http://w.albany.edu/mumford/ census。

28. 美国人口普查局(2000年),"新泽西州埃塞克斯县蒙特克莱尔镇",《美国事实调查》,检索于2005年12月12日,http://factinder,census.gov。

29. 美国人口普查局,2000年人口普查,摘要文件1,矩阵模型P1,检索于2005年12月12日http://factfinder.census.gov。

30. 丽丝·丰德博格,"整合焦虑",《纽约时报》,1999年11月17日,85页。

31. 同上,87页。

32. 在相邻的南奥兰治和枫林这两个共享一所高中的相邻社区,打造一个种族平衡的社区和学校体系的努力遇到了新的挑战(参见前言)。在那里,基于测量能力分配学生上课的做法引发了冲突。经常发生黑人被分到对成绩要求较低的班级,而白人则被分到要求更严格的班级。黑人学生和家长抱怨说,种族隔离现象时有发生,而混合班给孩子带来的低标准成就和厌倦程度则引发了白人家长的担忧。对这种紧张局势的担忧使得更多的白人把孩子送进私立学校。枫林社区的 200 多名学生中约有三分之二是白人，三分之一是黑人，而其 2005 年的高中入学率为 58%，白人为 35%。在蒙特克莱尔和枫林－南奥兰治，人们都存在这样的焦虑，精心维护的社会正义目标将会动摇。参见杰弗里·杰特曼，"自豪的多元学校的种族隔离教室"，《纽约时报》，2005 年 4 月 3 日，31 页。

第 3 章

1. 肯尼斯·杰克逊，《杂草的前沿：美国的郊区化》，（纽约与牛津：牛津大学出版社，1985）；另见莉莎贝丝·科恩，《康塞尔共和国：战后美国大众消费的政治》（纽约：阿尔弗雷德 A·克诺夫，猎狼出版社，2003 年）。

2. 詹姆斯·霍华德·孔斯特勒，《不知从何而来的家》（纽约西蒙与舒斯特出版社，1996 年），257 页。

3. 丹尼斯·E·盖尔，《八个国家资助的增长管理项目比较分析》，《美国规划协会期刊》第 58 期，第 4 篇，（1992 年）425-439 页。1986 年颁布的新泽西增长管理法被通称为《国家规划法》。

4. 要了解这三座山的通史、劳雷尔案例及其后果，请参阅戴维·基尔普、约翰·P·奥耶尔和拉里亚·奥森塔尔的著作《我们的城镇的种族、住房和郊区的灵魂》（新布朗斯维克，罗格斯大学出版社，1995 年）。

5. 同上。

6. 新泽西州环境保护部，"新泽西综合风险项目最终报告"，特伦顿，2004年3月16日。检索于2005年1月14日，http://w state.nj.us/depdsr/ncrp/。

7. 罗伯特·格贝洛夫，"泽西的荒郊野岭现在有通往回家的路"，《明星纪事》，2003年7月10日，1页。

8. 劳拉·曼斯纳鲁斯，"新泽西正在耗尽它所能建造的空地"，《纽约时报》，2003年5月24日，B1。

9. 克里斯顿·阿洛韦，"报告对正在消失的高地的恐惧"，《明星纪事》，2002年4月5日，279页。

10. 《高地的新愿景》，《新泽西未来》，第5期(2004年2月):1，检索于2005年12月21日，http://www.njfuture.org.

11. 大卫·柯西尼涅夫斯基，《特伦顿，保护高地的全面行动》，《纽约时报》，2004年6月11日，B6。

12. 史蒂夫·钱伯斯，"随着开放空间的缩小，公众发声困难"，《星期日星报》，2002年9月29日，1页。另参见"杂乱无章是头号威胁，新泽西选民说2-1"，昆尼皮亚克大学民调，检索于2004年5月29日，http:/www.quinnipiac.edu/x4274xm。

13. 亚历山大·莱恩，《人口普查：国有农场的大侵蚀》，《明星纪事》，2004年6月4日，23页。

14. 史蒂夫·钱伯斯，《百万英亩的承诺摊位》，《周日星报》，2003年8月3日，1页。

15. 同上。

16. 安德烈·马拉克，《新泽西的黑熊》，《明星纪事》，2002年9月22日，26-27页。

17. 布莱恩·T·默里，"对熊来说，没有比泽西岛更好的地方了"，

《明星纪事》，2002 年 9 月 22 日，1 页。

18. 亚历山大·莱恩，《从一个障碍到另一个障碍》，《明星纪事》，2002 年 6 月 18 日，1 页。

19. 布莱恩·T·默里，"州举办关于熊的会议"，《明星纪事》，2003 年 3 月 3 日，31 页。

20. 克里斯顿·阿洛韦，"汉诺威开始在污水处理厂杀鹅"，《明星纪事》，2002 年 6 月 25 日，34 页。

21. 除了新泽西州的环境困境外，该州还有大量的危险废物处理场。2001 年在全美排名第一，共有 116 座。见美国人口普查局《表 357》，"2001 年危险废物场所按州分类国家重点清单"，《美国统计摘要》(2002 年):22。

22. 安东尼·S·怀特曼，"副署长的电脑地图显示污染危及水井"，《明星纪事》，2002 年 9 月 26 日，27 页。

23. 劳伦斯·拉贡内斯，"削减援助伤害西北城镇"，《明星纪事》，2002 年 7 月 9 日，29 页。

24. 约翰·M·佩恩，"公平分担负担得起的房屋：蒙特劳尔模型矩阵"，《新英格兰西部法律评论》，2001 年第 22 期，365-380 页。另见科瑞普等。

25. 凯西·巴雷特·卡特，"经济适用房的挑战"，《明星纪事》，2004 年 4 月 29 日，20 页。

26. 大卫·柯西尼涅夫斯基，《批评人士指出住房提案会加剧短缺》，《纽约时报》，2003 年 8 月 27 日，B5。

27. 乔尔·加罗指出，新泽西"甚至没有一个主要城市。无论纽瓦克和伊丽莎白有什么优点，它们都很少被称作第一流"。他补充说,"新泽西的中心现实是边缘城市。"参见乔尔·加罗,"边缘城市:新边疆的生活",(纽约道布尔迪出版社,1991年),25页。

28. 约翰·E·贝布特和罗纳德·J·格里尔,《城市交汇之处新型城市化》,《新泽西历史丛书》第22卷(普林斯顿:D·凡诺斯特兰德公司),5-7,93-95页。作者隐喻地提到了地壳城市化的这种模式被封为"新泽西之城",95-99页。

29. 美国人口普查局,表33,"在2000年人口、1970年至2000年和2000年土地面积中,包括10万或以上居住人口的地方",美国统计学会(2002年):36-38页。

30. 这些来自2000年人口普查的数据是从位于新泽西州纽瓦克市纽瓦克校区的约瑟夫·C·康沃尔都市研究中心的网站上获得的。检索于2003年3月4日,http://www.cornwall.rutgers.edu。

31. 美国人口普查局,表30,"大都市圈——人口:1980～2000年",美国统计摘要(2002年):32页。我使用的都市地区一词包括都市统计区和人口普查局所界定的主要都市统计区。

32. 贝布特和格里尔,93-95页。

33. 彼得·德雷尔、托德·斯旺斯特罗姆和约翰·莫伦科普夫,《地方问题:21世纪都市政台》(第二版),(劳伦斯堪萨斯大学出版社,2004年)。

34. 乔恩·迪福特,《后郊区:边缘城市的政府与政治》(巴尔的摩:翰霍普金斯大学出版社,1997年)。

35. 史蒂夫·钱伯斯和罗伯特·格贝洛夫,"勒西的漫无目的的通勤",《明星莱杰》, 2003年3月6日, 1页。这篇文章描述的一项研究显示, 在全国20个通勤模式"最混乱"的县中, 有5个县处于新泽西的北部。

36. 乔尔·加罗,《边缘城市新边温的生活》,（纽约道布尔迪出版社, 1991年）。

37. 贝布特和格里尔, 14, 27-28, 61-65页。

38. 同上, 62页。

39. 了解新泽西州在市政合并分区和阶级排他性方面的丰富经验, 请参阅杰弗里·M·斯托卡什与玛丽·P·麦吉尔合著的《州政府的出现政党和新泽西政治, 1950～2000年》,（麦迪逊和蒂内克：费利狄金森大学出版社, 2003年）, 17, 38页。

40. 格里高利·R·韦伊尔,《破碎的大都市：政治分裂和大都市的政治隔离》(奥尔巴尼：纽约州立大学出版社, 1991年), 3页。另参见迈克尔·N. 丹尼尔逊,《排斥政治》(纽约哥伦比亚大学出版社, 1976年); 乔恩·迪福特,《城市与郊区：美国大都市的政治分裂, 1850～1970年》,（巴尔的摩：约翰·霍普金斯大学出版社）; 以及盖伊·J·米勒,《契约城市：合并的政治》(剑桥：麻省理工学院出版社, 1981年)。

41. 迈克尔·N·丹尼尔逊和詹姆逊·W·多伊戈,《纽约：城市改治区域发展》(伯克利和洛杉矶：加州大学出版社1982年), 100-105页。

42. 同上, 78-94页。另见韦伊尔, 13-15页。

43. 艾伦·卡彻,《新泽西的多重市政疯狂》(新布朗斯维克：罗格斯大学出版社, 1999年), 70页; 以及斯托卡什与麦吉尔, 38

页。另参见罗伯特·施特劳斯,"城市的疯狂或创造性的地方主义",《纽约时报》,新泽西版,2004年1月4日,6页。

44. 美国人口普查局,表335,"土地和水域面积的各州和其他",《美国统计摘要(2002)》:210页,以及美国人口普查局,表406,"按州划分地方政府的数量",《美国统计摘要(2002年)》:261页。这两个表都可以在 http://quickfacts.census.gov/gfd/states/34/34039.Html 检索到。

45. 罗伯特·C·伍德和雷蒙德·弗农,《大都市剖析:纽约大都会地区人口和就分布的变化》(坎布里奇:哈佛大学出版社,1959年)。另见雷蒙德·弗农,《首府1985》,(剑桥:哈佛大学出版社,1960年);罗伯特·C·伍德与弗拉基米尔·V·奥尔曼丁格,《1400个政府纽约大都会地区的政治经济》(坎布里奇:哈佛大学出版社,1961年),24-26,51-57,104-13页;迈伦·奥菲尔德,《美国都市政治新的郊区现实》(华盛顿特区:布鲁金斯学会,2002)130-33页。

46. 韦伊尔,14-19,59-60,168-169页;另见丹尼尔逊,43-46,125,156,164-65,285-286页。

47. 参见雪城大学事务记录交换中心 http://trac.syr.edu/tracirs/findings/abouttp/states/newlersey。另见弗兰克,"莫里斯排名与美国最富有的县",明星莱杰,2004年4月27日,43页。在另一个资料来源中,莫里斯敦和边缘城市被认为是新泽西州富裕的郊区和郊区社区的一条"财富带"。参见詹姆斯·W·休斯,约瑟夫·J·塞内卡和康妮·C·休斯,"2000年人口普查预期:新泽西州的新兴人口概况",《罗格斯区域报告》,(爱德华·J·布鲁斯丁规划与公共政策学院,罗格斯大学)第18篇(2000年7月):12页。

48. 数据来自奥尔巴尼大学刘易斯·芒福德中心,"大都市种族和民族变化-2000年人口普查",对于莫里斯学区,关于民族与种族构成的档案,检索于2004年6月20日,网址:http://mumford.dyndns.org/cen2000/SchoolPop/SdistSegdata/3410810sd.htm.

49. 马修·J·鲍林,《"坏男孩"与对西班牙裔的仇见攻击》,《明星纪事》,2004年9月29日,15页。比尔·斯韦兹和宝拉·萨哈,"两名学生在学校快餐厅因争吵而受伤",《明星纪事》,2003年9月9日,25页。在帕特森,13名非裔青少年因殴打一名无家可归的西班牙裔男子而被判多项罪名,见鲁迪·拉里尼,"青少年犯罪致人死命的狂野狂欢",《明星纪事》,2004年10月21日,21页。另见达米恩·凯夫,"仇恨的问题?还是钱的问题?",《纽约时报》,2004年10月24日,29页。

50. 比尔·斯韦兹,"工人聚会地点重访",《明星纪事》,2003年6月15日,第29页。

51. **尤金·穆莱罗**,"祭对莫里斯日工发出警告",《每日记录》,2005年4月12日;比尔·斯韦兹,"镇压承包商引发抗议",《明星纪事》,2005年4月12日,23页。

52. 汤姆,费尼,"一个城镇的人类迪伦",《明星纪事》,2003年11月4日,1页;鲍勃·布劳恩,"自由民:我们的家乡,不是他们的",《明星纪事》,2003年12月17日,17页。"些人反对在自由保有地为移民新工作厅",《纽约时报》,第3期,

2004 年，B2。

53. 布鲁斯·兰伯特，"移民倡导者说萨福克官员助长偏见"，《纽约时报》，2003 年 8 月 2 日，B5。

54. 加罗，26-29，39-40。

55. 一位钻研城市设计的长期生认为莫里斯顿－帕西帕尼－特洛伊希克斯地区是"几乎是偶然发生的"，但尽管如此仍然是"一个新的城市"。见乔纳森·巴内特，《破碎的大都市》(纽约：哈珀柯林斯出版社，1995 年)，3，17 页。

56. 加罗，40 页，将莫里斯敦地区称为"早期"边缘城市。

57. 史蒂夫·钱伯斯和罗伯特·盖伯洛夫，"郊区的十字路口变成了新兴城市"，《明星纪事》，2003 年 12 月 31 日，1 页。

第 4 章

1. 关于美国两个大城市城市犯罪的描述研究，见丹尼尔·雅尼克，"位置，位置，位置：电视新闻中的城市和郊区犯罪"，《城市事务杂志》23 期（2001 年 7 月）3-4:221-242 页。

2. 伊格尔顿民调档案，民调 123，问题 qgv14 和 qgy16，1999 年 9 月。检索于 2005 年 1 月 23 日 http:/cc.rutgers.edu/eagleton/serverfreq cfm quest_ _ Quest ID_ 820

3. 有证据表明，至少在北泽西，许多观众认为他们的电视报道往往过分强调更耸人听闻的事件。在 1999 年对新泽西州登记选民的一项调查显示，只有不到一半 (42%) 的人认为电视新闻真实地反映了社会上发生的暴力事件的数量。在其余的受访者中，39% 的人认为电视过度渲染了暴力，而 13% 的人认为它低估了暴力。参见伊格尔顿民调档案,民调 123,问题 qgv1sb,1999 年 9 月 2005 年 1 月 23 日检索于 http://www.scc.rutgers.edu/eagleton/serverfreq.cfm?quest_questid_45305820。

4. 新闻发布,伊格尔顿新泽西州项目,伊格尔顿政治研究所,罗格斯大学,布朗斯维克,新泽西州,2002 年 9 月 18 日,www.eagleton.rutg:ers.edu。

5. 哈里森·A·威廉姆斯,《新泽西展望》序,西尔维奥·R·拉凯蒂编辑,(联合市:威廉 H. 怀斯公司,1979 年),8 页。

6. 小查尔斯·斯坦斯菲尔德,《新泽西地理学》(科罗拉多州博尔德:韦斯特维尤出版社,1983 年),3 页。

7. 约瑟夫·A·莱万特,《新泽西州展望》前言,西尔维奥·R·拉凯蒂编辑,(联合市:威廉 H. 怀斯公司,1979 年),12 页。

8. 弗兰克·埃斯波西托,《新泽西的身份危机》,载于《新泽西展望》西尔维奥·R·拉凯蒂编辑,(联合市:威廉·H·怀斯公司,1979 年),8 页。两位分析人士认为,大纽约独特的政治和经济地位已经屈服于电视播信号的同质化。参见杰拉尔德·本杰明和理查德·P·内森的《区域主义与现实主义:纽约大都市区政府研究》,(华盛顿特区:布鲁金斯学会出版社,2001 年)7 页。

9. 美国人口普查局估计,自 2000 年以来,新泽西州的全国人口排名已经成为全美第 10 或第 11 的人口大州。见罗伯特·格贝洛夫,"可能看上去很拥挤,但泽西岛增长滞后",《明星纪事》,2004 年 12 月 22 日,19 页。

10. 一些观察人士将新泽西州分为三个区,其中中部位于新泽西州北部和南部之间。处于州中部的观众往往会以各种各样的方式关注纽约或费城的网络子公司。

11. 佩吉·麦格龙,"这么多的国家援助,那么少的赞助人,",《明星纪事》,2005 年 5 月 1 日,1 页。

12. 罗伯特·施特劳斯,"新泽西公共电视,虽小但雄心勃勃"。《纽约时报》,2004 年 6 月 6 号,14 节,1 页。

13. 虽然北泽西人更有可能收看纽约频道的当地新闻,而最近的研究表明,在全国范围内,越来越少的美国人转向对任何形式的新闻进行电视转播。2004 年,一项全国性的调查发现,大多数美国人(42%)通过当地的电视广播来获得至少一些关于竞选活动的新闻。较小但仍占很大比例的报纸(31%)依赖日报。然而,与 2000 年早些时候的一项调查相比,由于互联网等其他新闻来源日益流行,两家媒体都失去了大量的受众份额。见皮尤人民和新闻界研究中心。"有线电视和互联网织机在分散的政治新闻世界"新闻发布,检索于 2004 年 4 月 2 日,www.pewResearch.org。另见霍华德·科尔兹,"调查显示美国人在媒体上的意见分歧",《明星纪事》。2004 年 1 月 12 日,2 页。

14. 比尔·戴德曼和斯蒂芬·K·多伊格,《纽瓦克明星纪事中报新闻工作者的种族多样性和地域流通人口统计》,约翰·S. 和莱姆斯·L·克纳赫特基金会的报告,检索于 2004 年 5 月。网址:http: /powerreportiong.com/knight/nUhe_star_led9er_newark.html。

15. 皮尔逊教育,出版信息请点击"美国前 100 日报"2002-4。检索于 http://www.infoplease.com/ipea/A0004420。大部

分数据都是基于部分周平均数。另见审计局"发行量最大的150家报纸",2004年10月,检索于 http://www.accessabc.com/reader/top/00.htm. 这些数字往往更高,因为它们反映的是发行量最大的报纸,而不是平均发行量。

16. 皮尔逊教育,出版信息请点击"美国前100日报"2002-4。检索于 http://www.infoplease.com/ipea/A0004420。遗憾的是,在北泽西岛的确切的流通数字是无法得到的。

17. 邓斯坦·麦克尼科尔,"当涉及国家政治时,很少有人在倾听",《明星纪事》,2003年6月2日,9页。

18. 杰夫·惠兰,《民调:麦克格里维仍在下滑》,《明星纪事》,2003年9月14日,1页。

19. "新泽西选举投票率令人遗憾,"《明星纪事》/伊格尔顿－罗格斯民调,新闻稿144-7,检索于2003年10月5日,http://slerp.rutgers.edu

20. "新泽西的政治知识",《明星纪事》/伊格尔顿－罗格斯民调,新闻稿143-147,检索于2003年6月1日,http://slerp.rutgers.edu

21. 同上。

22. 从1995年到2000年,将近20.7万人从纽约州迁往新泽西。这是美国第二大州际移民,仅次于纽约州和佛罗里达州。见马可·J·佩里,表-1:"最大的20国间移徙流动:1995～2000年",载于"州对国移民流动:1995年至2000年","2000年人口普查特别报告"(华盛顿特区:美国商务部人口普查局,2003年8月)。

23. 2000年,外国出生的居民占新泽西州人口的18.5%,在新泽西州排名第三,仅次于加利福尼亚州和纽约州。在2000年至2002年间,又有15.2万名移民搬到了新泽西州。参见乔纳森·卡西·阿诺,"仍然蜂拥向机会之国",《明星纪事》,2002年11月27日,第2期。在2000年新泽西州的家庭中,25.5%的人在家里不说英语。见美联社的报道"英语在美国变得越来越像外语了",《明星纪事》,2003年10月9日,3期。记录显示,移民最集中的地区是位于纽约附近的六个东北部县。参见罗伯特·戈贝洛夫,"移民使新泽西人口持续增长",《明星纪事》,2003年4月17日,19页。

24. 从1995年到2000年,近119万人从新泽西搬到了佛罗里达州。在所有向佛罗里达州输送移民的州中,只有纽约州的移民量更高。参见佩里"州与州之间的迁移流"表1。

25. 在2003年对全州新泽西人进行的一项调查发现,54%的人从报纸上获得了部分新泽西新闻,31%的人主要从电视上获得新闻。约10%的人转向电台或互联网。参见伊格尔顿民调档案,民调143c,问题qin3,检索于2005年1月23日,网址http://www.scc.rutgers.edu/eagleton/serverFreq.cfm?quest_ Quest_ID_453076160。

26. 托马斯·F·库恩,《纽约的巨大阴影》,《读者论坛》,《明星纪事》,2002年1月18日,第20期.

27. 同上。

28. 新泽西州也有几支小联盟球队。包括纽瓦克熊队在内,共有7支AAA联盟棒球队。强大的专业长曲棍球队,以及三个半职业女子足球俱乐部，进一步丰富了该州的体育环境。参见柯林·斯蒂芬森，"花园州也在种植运动"，《明星纪事》，2004年6月18日，第53期。

29. 艾利克斯·威廉姆斯，"回到未来"，《纽约客》(2003年10月27日)，2005年1月14日检索于，网址：http:/www.newyorkmetro.com/newyorktro.com/newyorkMetro/news/Sports/Feals/n_g3g3/. 另见查尔斯·V·巴格利，"布鲁克林网队竞技场交易协议"，《纽约时报》，2005年3月4日，B3。

30. 理查德·莱津·琼斯，"为网队欢呼，却不脸红"，《纽约时报》，2002年6月9日，39页。

31. 职业足球队纽约大都会球星队 (NY/NJ MetroStars) 在梅多兰兹体育场进行主场比赛，吸引了来自纽约和新泽西的游客。球迷主要来自移民社区，但该州的足球仍然被棒球、橄榄球、曲棍球和篮球等美国传统体育项目所掩盖。

32. 艾弗·皮特森，"球队也许是伟大的，但新泽西赢不了"，《明星纪事》，2003年6月1日，37页。

33. 同上。另见琼斯，39页。

34. 弗雷德里克·里肯，"东卢瑟福之根"，《纽约时报》，2002年6月8日，A15。

35. 同上。

36. 约翰·麦克劳克林，"劣等形象，高级团队"，《明星纪事》，2003年6月15日21版。参见尼克·鲍姆加滕，"新泽西体育部"，《纽约客》，2003年6月9日，18-19版。

37. 罗纳德·斯莫泽斯，"魔鬼的聚会？更多的五彩纸屑，更少的沥青，球迷说"，《纽约时报》，2002年6月11日，1版。

38. 一些学者对中心城市体育场馆的发展提供了实证支持。见阿瑟·C·纳尔逊，"繁荣还是光明：大联盟斯塔德拉地点的问题"，《经济发展季刊》T5，第3期(2001)：255-265页。

39. "纽瓦克市,1980年、1990年和2000年的城市数据"，摘自"大都市种族与民族变迁——2000年人口普查"，路易斯芒福德中心，纽约州立大学奥尔巴尼分校，检索于http://mumford, albany.edu/census/wholepop/citysegdata。

40. 最近的一项研究发现，2000年纽瓦克市的艰难指数在美国所有城市中排名第四。该指数包括失业、教育、收入、贫困、依赖和住房拥挤等指标。见丽莎·蒙蒂尔、理查德·P·内森和戴维·J·赖特，"表1:2000年最困难的城市"，摘自"城市困难的更新"，城市纳尔逊·A·洛克菲勒政府研究所，纽约州立大学奥尔巴尼分校，2004，4月。关于纽瓦克困境的后见之明，见肯尼斯·T·杰克逊和芭芭拉·B·杰克逊，"纽瓦克的黑人经历——1870～1970年贫民区的发展"，《1860年以来在新泽西：新发现和解释》，威廉·C·赖特编辑（特伦顿新泽西历史委员会，1972年），36-59页。参见克莱门特·A·普莱斯，《纽瓦克黑人社区，1917～1947年：社会史》罗格斯大学，1975年）

41. 美国人口普查局，2003年。表HS-7，"75个最大城市的人口:1900～2000年"，《美国统计摘要(2003年)》13-14页，检索于www.geners.gov/statab/hlst/hs-o7.pdf。

42. 史蒂夫·钱伯斯和罗伯特·格伯罗夫，"郊区的十字路口变成了繁荣镇",《明星纪事》,2003年12月3日,1,6页。

43. 乔纳森·舒普,"永远回响的镜头",《明星纪事》,2005年5月15日,1页。

44. 要了解全国城市复兴的历史观点,请参见简·C·迪福特,《崎岖的复兴之路:1940~1985年美国城市复兴》,(巴尔的摩:约翰·霍普金斯大学出版社,1990)

45. 除了新的表演艺术中心,纽瓦克的文化遗产还包括纽瓦克博物馆、新泽西历史学会、纽瓦克公共图书馆、纽瓦克交响音乐厅。高等教育机构包括建筑、商业、工程、医疗和牙科学校、两所法学院和罗格斯大学纽瓦克分校。由弗雷德里克·劳·奥姆斯特德事务所设计的布鲁克支流公园和威克希公园得到了两个民间组织的大力改善。天主教教和其他实体资助了一个以社区为基础的组织网络,这些组织建立了经济适用房、购物设施和就业培训中心。

46. 作者被邀请参加了2000年10月19日的活动,这个账户是从他的私人笔记中记下来的。

47. 演讲者中有州参议院少数党领袖,有当地一家大公司的总统,有一家开发商领导,以及该州黑人神职人员组织的负责人,两家当地基金会的领导人,和"洋基佬"组织的主席,也是当时网队的共同所有者。

48. 罗纳德·斯莫泽斯,"特雷芬格承认腐败",《纽约时报》,2003年5月31日,B1。

49. 特别指出,《明星纪事》的马修·福特曼、杰弗里·梅斯和乔治·乔·丹因对竞技场的调查工作而脱颖而出。

50. 马修·福特曼,"胜利不是一切",《明星纪事》,2003年5月16日,63页。

51. 可以看到,例如科斯塔斯·斯皮罗利和拉里·贝内特,《这可不是运动场:营地,社区和新芝加哥》(德卡尔布,伊利诺伊州:北伊利诺斯大学出版社,2003年);罗杰·G诺尔和安德鲁·辛巴利合编,《体育、就业和税收:运动队和体育场的经济影响》(华盛顿特区:布鲁金斯学会,1997年);马克·罗森特劳布,《大联盟失败者:体育的真实成本和谁在为此买单》(纽约:基本书籍出版社,1997年);查尔斯·c·尤切纳,《运动场上:运动队为何搬迁,城市为何争先留住他们》(巴尔的摩:约翰·霍普金斯大学出版社,1993年)

52. "纽瓦克网络——艰难的销售",《明星纪事》/伊格尔顿-罗格斯民意调查,新闻稿SL/ER71-2(EP121-2),1999年1月26日,检索于http://slerp.rutgers.edu/retrieve。调查还发现,29%的受访者不太可能去纽瓦克看篮网队的比赛,而去梅多兰兹球场的可能性则只有7%。此外,在支持方面存在种族差异,黑人比白人更有兴趣参加纽瓦克的比赛。在对纽瓦克的比赛不太感兴趣的人群中,大多数人对安全、不便或停车问题持谨慎态度,或者认为纽瓦克的吸引力不如梅多兰兹球场。

53. "体育星球大战:在哪里建造新竞技场",《明星纪事》/伊格尔顿-罗格斯民意调查,新闻稿SL/EP72-3(EP122-3),1999年5月23日,检索于http://lerp.Rutgers.edu/retrieve

54. 丹尼斯·盖尔,韦恩·伊斯特曼和罗伯特·T·盖莱特,"旅游泡沫,消费特区和郊区游客:小而美"(发表于克利夫兰市城市事务协会年会，2003年3月27日至30日）。

55. 约翰·布伦南："新竞技场的小支持"，《记录》，2002年5月5日，1页。

56. "纽瓦克竞技场在公众面前毫无进展。"《民心》，法尔泰格·奥金森大学。2002年5月29日，检索于 http://publicrnind.fdu.edularerm/。22%的受访者表示，他们更有可能参加纽瓦克体育场举办的活动，而不是在草地球场，而50%的人则不太可能参加。黑人参加纽瓦克活动的可能性是白人的三倍。2003年的一项类似调查发现，与前年相比，人们的观点几乎没有改变。

57. "球迷对网队的命运呵欠连连"，《明星纪事》，2003年9月10日，第1期。大多数受访者要么对职业体育不感兴趣，要么不认为政府补贴是保持球队状态的合适方式。此外，不仅纽瓦克竞技场上的支持率很低，明显的种族差异还表明，黑人的支持率远高于白人。

58. 影响州长的一个因素是，卑尔根县一些有影响力的政客反对在纽瓦克修建一座体育场。

59. 纽约和新泽西港务局同意向纽瓦克支付2.65亿美元，用于该市拥有的纽瓦克自由国际机场（纽瓦克自由国际机场由港务局运营）。

60. 杰弗里·C·梅斯，"城市居民提起诉讼阻止竞技场交易"，《明星纪事》，2002年11月22日，35页。

61. 同上。詹姆斯市长的回应让一些新泽西人想起已故泽西城机器公司老板弗兰克·黑格（Frank Hague），他声称"我就是法律"。参见代顿·D·麦基恩,《老板:海牙机器在行动》(波士顿:霍顿米夫林公司,1940年),224,270-271页。

62. 在报纸的专栏文章中,对竞技场提议的争议有一定程度的揭示。一位作家指责市长"欺骗了市议会","蒙蔽"了公众,该计划是"缺乏常识"、"愚蠢"和"犯罪行为"。一位评论家指出,讽刺的是,把钱花在一个竞技场上却忽视了公共教育,让纽瓦克的年轻人可以"卖热狗,把烟头从小便池里拿出来",而不是"接受教育,将来为他们服务"。然而,一些作家已经认可了这个竞技场。参见"关于纽瓦克竞技场交易的辩论",《读者论坛》,詹姆斯·R·赫克尔(斯巴达)和帕特里夏·韦斯顿·里维拉(纽瓦克)的来信,《明星纪事》,2002年10月24日,16页。

63. 约书亚·罗宾,"MTA批准网队竞技场",新闻日报,2005年9月15日,1页,检索于http://www.Newsday.com/Sports/basketbalt/net。

64. 马修·福特曼和杰夫·梅斯,"市长为魔鬼铺开红(和黑)地毯",《明星纪事》,2004年2月13日,23页。

65. 马修·福特曼,"体育权威:决斗竞技场对我们很好",《明星纪事》,2004年2月,17页。

66. 乔纳森·D·格莱特尔,"全国曲棍球联合会的财务分析显示重大损失",《纽约时报》2004年2月13日第1期,检索于www.nytimes.com/2003/02/13/sports/hockey13 FINA.html。19家NHL球队的特许经营权平均运营亏损1800万美元,而另外11家球队的平均利润为640万美元。该研究报告称,

NHL"在跑步机上默默无闻"。

67. 福特曼和梅斯，23 页。

68. 威廉·克莱因克内希特，"纽约巨人是决定喷气机未来的关键之战"，《明星纪事》，2004 年 10 月 3 日，第 1 版 29 页；劳拉·曼斯内鲁斯，"新的草地体育场被批准给巨人队"，《纽约时报》，2005 年 4 月 23 日，B6；查尔斯·V·巴格利，"喷气机和巨人为竞技场计划欢呼，以及科迪，"《纽约时报》，2005 年 12 月 13 日，B5。

69. 米凯因·丹尼尔森和詹姆逊·W·多尔格，《纽约：城市区域发展的政治》(伯克利和洛杉矶：加利福尼亚大学出版社 1982 年)，148-149 页。

第 5 章

1. 批评北泽西形象的人有时会指出，那里的卡车停车站、餐车、加油站、快餐连锁店、大型购物中心、企业园区和全国性连锁商店似乎都没有得到改善。例如，游客沿着花园州公园路 (Garden State Parkway)，可以穿过一座座褪色的公寓楼、一座座枯萎的框架房，以及欧文顿 (Ovington)、东奥治 (East Orange) 和奥兰治 (Orange) 的粗沙质商业区。一个庞大的墓地里挤满了墓碑，好似在死亡中模拟了这些社区中许多人拥挤的生活状态。的确，当托尼·索菲诺 (Tony Soprano) 的车从林肯·图尼林 (Lincoln Tunnelin) 的开场中出现时，电视《黑道家族》(The Sopranos) 的开场场景，泽西城和纽瓦克附近肮脏的土地景观，描绘了最糟糕的北泽西立体景象，这些描绘是有选择性的，错过了在主要公路上看不到的许多吸引人的风景。

2. 例如，参见《新泽西百科全书》（New Jersey Encyclopedia）中的迈克尔阿伦罗克兰（Michael Aaron Rockland）所著的《图像》(Image)，由马克辛·N·卢里（Maxine N Lurie）和马克·马彭（Marc·Mappen）编辑，(新布朗斯维克：罗格斯大学出版社，2004年)，401-402页；黛布拉·加兰特，"什么声誉？"，《纽约时报》2002年10月6日14版，1页。

3. 马克·斯图尔特（Mark Stuart），黑帮二号人物：朗吉·兹威尔曼（LongyZwillman），这个人发明了有组织犯罪[斯考克斯：莱尔·斯图亚特（Lyle Stuart）]。参见马克·马彭（MarcMappen）所著《新泽西的历史》(新布朗斯维克：罗格斯大学出版社1992年)，214-217页。

4. 理查德·哈默（Richard Hammer），《花花公子的有组织犯罪史》，(芝加哥：《花花公子》出版社，1973年)，93-95页。

5. 斯图尔特，75-77页；汉克·梅西克和伯特·戈德布拉特，《暴徒与黑手党》(纽约：托马斯·Y·克罗威尔公司Thomas Y.Crowel Co，1973年)，105-106页。梅西克和戈德布拉特等人指出，委员会最初被称为"七大"。

6. 虽然隆格·兹威尔曼在纽约的合伙人中很受尊敬，但他们毫不犹豫地在北泽西使用暴力来达到目的。1935年秋，臭名昭著的荷兰人舒尔茨（又名阿瑟·弗莱根海默）在纽瓦克的宫殿里被一群匪徒枪杀，据信这些匪徒受雇于纽约的辛迪加领导层。参见Mappen，198-200页。

7. 参议员凯里·埃斯特·基福弗（田纳西州民主党人）主持了关

于州际贸易中有组织犯罪特别委员会的听证会,该委员会通常被称为基福(Kefauver)委员会。会议在14个城市举行,有800名目击者,吸引了数百万美国人的注意。由于几个主要的犯罪组织成员都来自纽约和新泽西,因此引起了许多负面报道。

8. 哈默,256-259页;杰伊·罗伯特·纳什,《血色与坏蛋》(纽约:M·埃文斯公司,1973年),15-16,21-22,626页。几个与纽约有关系的暴徒在北泽西非常活跃。黑手党头目威利·莫雷蒂,北泽西地区的多家敲诈勒索企业。1951年,在纽约黑帮成员维托·格诺夫斯(Vito Genovese)的命令下,在新泽西州悬崖边公园(Cliffside park)被处决。1953年,黑手党董事会成员乔·阿多尼斯(Joe Adonis)在另一家悬崖边公园餐厅经营着他在新泽西的球拍,并以逃税指控和违反移民法的罪名威胁逃往意大利。1957年,同样是在格诺夫斯的命令下,居住在新泽西州李堡(Fort Lee)的黑道刽子手兼董事会成员阿尔伯特·阿纳斯塔西娅(Albert Anastasia)在曼哈顿被枪杀.这三人早在20世纪30年代初就与黑手党有着广泛的联系。

9. 检索于2004年2月1日从新泽西州调查委员会,http://www.state.nj.us/sci/overviewoc.htm。尽管其中一些人被判犯有逃税或藐视法庭罪,但大多数人都与赌博、数字操作、赌博、放高利贷、贿赂,甚至谋杀等罪行有关。这些匪徒大多后来被谋杀或自然死亡。

10. 罗伯特·鲁道夫,《新泽西男孩》,(纽约:威廉·莫罗公司,1992年),18页。

11. 同上,19页。

12. 同上，81-82 页。

13. 罗伯特·鲁道夫和盖伊·斯特林，"泽西暴徒很快就能得到旧血的注入"，《明星纪事》，2002 年 4 月 10 日，1 页。

14. 罗伯特·鲁道夫和汤姆·海丝特，"警方表示暴徒团伙被驱散"，《明星纪事》，2003 年 6 月 11 日，13 页。

15. 联邦法官任命监督改革暴徒污染的酒店和餐厅联盟，新闻稿，美国检察官办公室，纽瓦克，新泽西州，2002 年 4 月 5 日。

16. 唐纳德·W·考克斯 (Donald W.Cox)，《黑手党的灭绝联邦政府如何消灭整个黑帮家族》(纽约：Shapolsky 出版公司，1989 年)；还有约瑟夫·萨莱诺和斯蒂芬《水管工里韦莱：一个好人如何帮助摧毁整个费城黑手党的真实故事》(纽约：骑士桥出版公司，1990 年)。

17. 乔治·弗雷塞隆和罗伯特·J·瓦格曼，《血誓》(纽约：西蒙与舒斯特出版社，1994 年)

18. "尼哥德莫·斯卡弗·皮克斯承认经营新泽西赌博集团之罪"，新闻发布，美国检察官办公室，新泽西州纽瓦克，2002 年 2 月 2 日。

19. 盖伊·斯特林，"黑帮老大路易斯·盖托死于监狱医院"，《明星纪事》，2002 年 9 月 10 日。盖托与"下巴"文森特·甘特 (Vincent Gigante) 和"胖托尼"安东尼·萨莱诺 (Anthony Salerno) 有着密切的联系，也分别是吉诺维斯犯罪家族的成员。盖茨托的两个儿子也都进了监狱。

20. "臭名昭著的黑手党头目'乔·香蕉'97 岁时去世，"《明星纪事》，2002 年 5 月 12 日 24 页；艾伦·弗伊尔，"戈蒂的送葬队伍在他过去常去的地方",《纽约时报》，2002年6月16日，27页。

21. 赖瑞·麦克，"这是第一次：5个黑帮大佬同时入狱",《明星莱杰》，2003年2月2日，36页。参见威廉·格拉布森(William Glaberson)于1月在《纽约时报》上发表的文章"老暴徒永不死亡，陈词滥调，但残酷的方法拒绝消失",《纽约时报》，2003年1月26日，27页。

22. 鲁道夫·斯特林，1页。

23. 罗伯特·施瓦内伯格(Robert Schwaneberg),《黑手党仍然是一支不可忽视的力量》,《明星纪事》2003年5月1日，25页。

24. 克拉克·R·莫伦霍夫,《打击部队：有组织犯罪和政府》恩格尔·伍德·克利夫：Prentice-Hall公司，1972年，8-9页。

25. 卡尔·斯法克斯,《十加瓦坎特录音带：联邦调查局窃听》，刊于《黑手党秘密百科全书》，第2版(纽约：档案纪实，1999年)，110-111页。

26. "迪卡瓦坎特犯罪家族的代理老板和其他四人被控犯有敲诈勒索罪"，新泽西州纽瓦克市联邦检察官办公室的新闻发布会，2001年4月10日。参见阿索乔纳森·克鲁尼(Jonathan Kwitny)。《恶性循环：市场中的黑手党》(纽约：诺顿公司1979年)，57页。

27. 罗伯特·鲁道夫，"一个犯罪家庭是如何变得不正常的",《明星纪事》，2003年5月9日，第1期。鲁道夫引用了美国前阿托尔·尼有组织犯罪打击部队负责人凯文·麦卡锡的评论。麦卡锡的工作人员对迪卡瓦坎特一家进行了多年的调查。

28. 同上。另参见罗伯特·鲁道夫,"故事指向笨手笨脚的暴徒",《明星纪事》,2003年5月16日,17页。

29. 同上。参见罗伯特鲁道夫,"泽西黑手党老大承认下达攻击命令",《明星纪事》,2003年9月5日,20页。

30. 一项对迪卡瓦坎特DeCavalcante家族的研究表明,他们"被纽约的好人群体公开称为'农场主'",这明显是来自美国有组织犯罪之都的不尊重。参见格雷格·史密斯Greg B.Smith,《做人》(纽约:伯克利图书,2003年),第14页。

31. 作者对前联邦组织犯罪特别工作组的负责人凯文麦卡锡的采访,纽瓦克,2004年1月14日。

32. 新泽西州有记录以来的第一起公职人员行贿事件可能发生在1703年,当时的州长康布里勋爵(Lord Cornbury)收受了土地所有者的钱,这些土地所有者希望在即将到来的省议会选举中获得优势。见马尔科·曼彭(Marc Mappen),16-19页。

33. 但该州在国家政治上令人钦佩的记录在最近几次被玷污了。1980年,美国参议员哈里森·威廉姆斯被控卷入国会的阿伯斯坎丑闻。2002年,参议院道德委员会对美国参议员罗布·特·托里塞利提出警告(随后托里塞利辞去了参议员职务)。托里塞利承认,他从一位政治上的朋友那里收到了一台电视机和一台CD播放机,以及一些珠宝首饰。

34. 罗纳德·斯莫泽斯,"特雷芬格(Treffinger)承认腐败",《纽约时报》,2003年5月31日,第B1页。特雷芬格承认,他申请了乔治·W·布什政府的联邦检察官职位,希望这项权力能帮助他消除当时困扰他的调查。

35. 戴安·C·瓦尔什 (Diane C.Va/sh),"前埃塞克斯高管付给自己65000美元",《明星纪事》,2002年8月18日,22页。

36. 威廉·克莱因克纳赫特,《吉布森在辩诉交易中获得缓刑》,《明星纪事》,2002年11月1日,1页。吉布森于20世纪70年代被誉为美国主要城市首位黑人市长之一,于1986年卸任。

37. 阿多尼齐奥曾经说过,"当国会议员赚不了多少钱,但当市长你可以赚100万美元。"参见《腐败文化》,小约翰·法默著,2002年4月28日,1页。

38. 凯文·C·迪尔沃斯,"博斯特(Bost)承认证人篡改,结束审判",《明星纪事》,2003年4月24日,13;约翰·P·马丁(John P.Martin)和凯文·C·迪尔沃斯(Kevin C.Dilworth),"前欧文顿市长入狱",《明星纪事》,2003年9月9日,19页。博斯特曾是埃塞克斯郡的一名不动产所有人(也就是说,他是埃塞克斯郡议会的一名民选议员,并担任了8年的伊文顿市市长。

39. 马丁和迪尔沃思,19页。

40. 安娜·阿拉亚,《帕特森市长承认欺诈》,《明星纪事》,2002年7月2日第13期;和约翰·P·马丁(John P.Martin),"前帕特森市市长获得37个月任期",《明星纪事》,2003年4月28,15页。

41. "前帕特森市公共工程总监认罪,承认接受供应商的现金",新闻稿,美国新泽西州纽瓦克市联邦检察官办公室,2002年7月15日。

42. "前帕塞克郡行政长官迪多娜被判四个月监禁,"新闻发布,新泽西州纽瓦克,美国检察官办公室,2001年10月31日。

墨菲已经服了一年43个月的刑期。2002年，在上诉法院下令重新审判后，他被释放。

43. 乔希·马戈林，"联邦调查局将用帕塞克话监测选举"，《明星纪事》，2003年11月1日，12页。

44. "新泽西州政府的评级质量急剧下降。"新闻稿，伊格尔顿政治学院，罗格斯大学，2003年3月2日，检索在http://slerp.rulgers.edu/retrieve.

45. 乔纳森·舒佩（JonathanSchuppe），"新泽西人：政客与腐败相伴"，《明星纪事》，2002年6月26日，13页。

46. 同上。

47. 杰弗里·C·梅斯，"市议员结束28年任期"，《明星纪事》，2002年6月28日，37-38页。

48. 约翰·法默，"腐败文化"，《明星纪事》，2002年4月28日第10款，1页。

49. 社论"重新加入打击官员腐败的斗争"，《明星纪事》，2002年11月12日，10页。

50. 劳拉·曼斯纳斯，"旧式贪污"，《纽约时报》，2002年10月30日A1。

51. 劳拉·曼斯纳斯，"新泽西州正在努力改变其竞选财政法"，《纽约时报》，2004年5月21日，B4。

52. 乔什·盖特林，"锁定新泽西"，《洛杉矶时报》2003年2月27日A1。

53. 迈克尔·巴隆（Michael Barone），格兰特·乌吉福萨，道格拉斯·马修斯，《美国政治年鉴》，1974年（波士顿：开局出版社,1973 年),602 页。后来出版的《年鉴》最新版本写道:"新泽西曾经腐败,但现在已被清理干净了。"迈克尔·巴隆和格兰特·乌吉福萨,《美国政治年鉴》,1992 年(华盛顿特区:《国家期刊》,1991 年),771 页。

54. "新泽西的老实人?"《经济学人》,2003 年 5 月 8 日,2007 年 7 月 12 日检索于 www.economist.com/printerfriend.cfm?Story_ID=17774688.

55. 汤姆·弗莱斯特,《纳德列举了华盛顿特区和特伦顿的苦难》,《明星纪事》,2004 年 9 月 1 日,19 页。

56. 长期以来,观察家们一直在思考政治犯罪在北泽西和全州范围内是否比其他州更为普遍。没有什么证据能澄清这个问题。但是,一项研究调查了美国司法部的数据,发现 2002 年,新泽西州每 10 万名居民中被判犯有联邦腐败罪的年龄在 50 个州中排名第 16 位,排名第一位、第二位和第三位的分别是密西西比州、北达科他州和路易斯安那州。纽约是东部唯一进入前十的州,排名第十。2004 年 1 月 16 日,《企业罪记者》在华盛顿特区国家新闻俱乐部发表了一篇题为《美国的公共腐败》的报道。

57. 1966 ~ 1990 年间,霍博肯失去了近一半的就业机会。最严重的下降发生在制造业,就业人数从 1966 年的 15600 下降到 1990 年的 4200。但这些损失部分被服务业就业的增加所抵消,从 1966 年的近 1300 个工作岗位增加到 1990 年的逾 4300 个。

58. 史蒂夫·钱伯斯和罗伯特·格贝洛夫,"郊区的十字路口变成了新兴城镇",《明星纪事》,2003 年 12 月 31 日,1,6 页。

59. 2000年人口普查，《美国事实调查》，泽西城和霍博肯，新泽西州文件，摘要文件1(SF1)和摘要文件3(SF3)华盛顿特区，检索于2005年12月14日，http://factfinder.census.gov.
60. 一项针对1997～1998年就业通勤状况的地区性研究发现，29%源自哈得孙县的工作通勤目的地是曼哈顿，这一比例远远高于新泽西州的其他县。抽样误差至少为正负5%。参见"纽约-新泽西大都市区旅行，附录：地图的县数据"，纽约大都会运输委员会和新泽西交通规划协会，2000年4月，14页。
61. 海琳·斯塔宾斯基（Helene Stapinski）的回忆录对她20世纪七八十年代在泽西城的成长经历特别有启发。她描述了在城市显著的社会和物质转型之道和政府中普遍存在的不诚实行为。参见海琳·斯塔宾斯基，《五指贴现：扭曲的家族史》(Five-Finger Discount: A Family History)，纽约兰登书屋出版社(Random House，2002)。
62. 梅文·霍尔，《美国市长：最好的和最差的大城市领导人》(大学公园：宾夕法尼亚州立大学出版社，1999年)，12-13页。
63. 同上，13页。
64. 理查德·J·康纳斯，《权力的循环弗莱西市市长弗兰克·黑格的职业生涯》(A Cycle of Power: The Career of Jersey City Mayor Frank)，(梅塔钦：稻草人出版社，1971年)，76-80页。欲了解更多，见戴顿·麦基恩（Dayton McKean）的《老板行动中的黑格机器》(The Boss: The Hague Machine in Action)，(波士顿：霍顿-米夫林，1940年)。
65. 斯塔宾斯基，70页。

66. 康纳斯，72-75 页。

67. 同上，145-146 页。

68. 想要了解更多关于黑格的记录，请参考阿兰·J·卡彻，《新泽西州的多重市政疯狂》(新布朗斯维克：罗格斯大学出版社，1999 年)，183-186 页。

69. 斯塔宾斯基 (Stapinski)，201-204 页。

70. "前霍博肯市长鲁索因敲诈和贿赂被起诉，"新闻稿美国检察官办公室，纽瓦克，2003 年 9 月 25 日。另参见罗纳德·斯默瑟斯（Ronald Smothers）"前霍博肯市长承认他收受了 500 万美元的贿赂"，《纽约时报》，2004 年 9 月 30 日，B6。

71. 罗伯特·鲁道夫，"前卑尔根官员因邮件欺诈被判 3 年徒刑"，《明星纪事》，2003 年 7 月 12 日第 4 期。参见盖伊·斯特丁，"卑尔根第三官员承认美国继续调查中的贪污"，《明星纪事》2002 年 7 月 18 日，22 页；"哈得孙腐败调查第三官员认罪"，《明星纪事》，2002 年 9 月 21 日，26 页。

72. 约翰·马丁（John P.Martin）和罗伯特·鲁道夫（Robert Rudolph），"堕落的权力掮客的辩护：有罪"，《明星纪事》，2002 年 10 月 4 日，1 页。

73. 约翰·马丁，"哈得孙不动产持有人受贿"，《明星莱杰》，2004 年 6 月 30 日，15 页。

74. 约翰·马丁，"前哈得孙不动产持有人因受贿罪被判 37 个月"，《明星纪事》，2003 年 12 月 16 日，21 页；"哈得孙官员在国家腐败调查中被起诉"，《明星纪事》，2002 年 10 月 30 日，13 页。

75. 鲁迪·拉里尼（Rudy Larini），"为哈得孙合同行贿的会计"，

《明星纪事》，2003 年 7 月 26 日，4 页。另见约翰·马丁，"帕尔承认向兰斯泽斯尔行贿"，《明星纪事》，2004 年 7 月 20 日，1 页；与约翰·马丁，"法官监狱建设者与点石成金"，《明星纪事》，2004 年 10 月 22 日，1 页。

76. "执法人员寻求接管码头工人工会"，《明星纪事》，2002 年 12 月 11 日 10 期；还有 37 岁的拉里·麦克沙恩（Larry Mcshane）的《犯罪传奇》（Saga of Crime）。到 2004 年初，当地 1588 的一位前总裁被起诉，他的两位前任承认合谋挪用工会资金。

77. 罗纳德·雷尔 Ronald Leir，"前 ILA 总裁不会有时间"，《泽西期刊》，2004 年 11 月 20 日，1 页。

78. 麦克沙恩，37，41 页。

79. "前泽西男子因诈骗和多起谋杀案被定罪"，新闻稿，联邦检察官办公室，2002 年 7 月 11 日。

80. "波纳诺犯罪家族成员及其同伙因诈骗被判入狱，"新闻稿，美国检察官办公室，2003 年 6 月 24 日。塔利内蒂和帕则托雷来自纽约的斯塔滕岛，斯塔滕岛通过桥梁与北泽西岛相连。两名男子都被确认为波纳诺犯罪家族的成员。

第 6 章

1. 大卫·W·陈（David W.Chen），"从郊区到城市：放下态度"，《纽约时报》，2002 年 11 月 24 日，B33。

2. 同上。作者分别引用了经济学家马克·戈洛文和托马斯·斯皮兹纳茨的话。

3. 一项研究包括了北泽西外围的一些县，这些县位于一个被称为"财富带"的分区。参见詹姆斯·W·休斯、约瑟夫·J·塞卡和康妮·O·休斯，"预测2000年人口普查：新泽西州正在形成的人口档案"，罗格斯大学规划与公共政策学院区域报告，论文发行第18号（2000年7月）：9-13页。

4. "新泽西25年发展的成功与失败"，明星纪事/伊格尔顿-罗格斯民意测验，新闻发布SL/EP74-2(EP124-2)号，检索于1999年12月19日，http://slerp.rutgers.edu/retrieve.

5. "新泽西和罗德尼·丹格尔菲尔德：完美结合"，明星纪事/伊格尔顿-罗格斯民意测验，新闻发布143-4号，检索于2003年5月18日，http://slerp.rutgers.edu/ retrieve.

6. 同上。

7. "新泽西人：热爱这个州，讨厌税收，不在乎其他美国人怎么想，"费尔利迪金森大学民意调查，表2-7，2001年8月2日。检索于2001年8月4日，http://publicmind.fdu.edu/sameorbetter.index.html.

8. "新泽西和罗德尼·丹格尔菲尔德：完美结合"，明星纪事/伊格尔顿-罗格斯民意测验，新闻发布143-4号，检索于2003年5月18日，http://slerp.rutgers.edu/ retrieve.

9. 例如，非移民移居新泽西的最大来源是纽约州，在1995～2000年间该州有近207万人迁居。见马克·佩里，表2："各州最大的移民流入和流出：1995年至2000年"，摘自《州与州之间的移民流动：1995年至2000年》，《2000年人口普查特别报告》（华盛顿特区：美国人口普查局，美国商务部，

2003 年 8 月），检索于 2004 年 12 月 4 日，网址 http://www.census.gov/prod/2003/censr-8.pdf.

10. 凯里·基尔甘农，"城市界限"，《纽约时报》，2002 年 4 月 28 日第 14、1 节。

11. 史坦顿岛，纽约市的第五个行政区，似乎已经很大程度上逃脱了幽默作家的注意。其更高的社会经济形象和更多的郊区特征可能是原因之一。

12. 《沉睡者》，伍迪·艾伦绵剧兼导演，米高梅 / 联合艺术家工作室，1973 年。

13. 卡尔文·特里林，《泰珀不出去》(纽约：兰登书屋出版社，2001 年)，6 页。

14. 戴夫·巴里，《五角大楼为恶臭战争时代做准备》，《明星纪事》，2002 年 4 月 7 日，第 10、6 节。

15. 罗素·贝克，《成长》(纽约：新美国图书馆，1982 年)，124 页。

16. 想要了解更多类似的观点，请参见斯蒂芬·惠蒂（Stephen Whitty），"永远改变城市的一部分"，《明星纪事》，2001 年 11 月 11 日，第 4、5 节。

17. 这些人中的大多数人均在"新泽西州制造"中列出。检索于 2005 年 4 月 22 日，http: /www.state.nj.us/travel/facts&fun/madeinnj.html.

18. 选自"Singin' Jersey"，检索于 2005 年 4 月 10 日，网址 http://www.nj.com/springsteen.

19. 同上。

20. 同上。

延伸阅读

Adams, Thomas. 1931. *Regional Plan of New York and Its Environs*. Vol. 2, *The Building of the City*. Philadelphia: William F. Fell Co. Reprint, New York: Arno Press, 1974.

Bebout, John E., and Ronald J. Grele. 1964. *Where Cities Meet: The Urbanization of New Jersey*. Vol. 22. The New Jersey Historical Series. Princeton, N.J.: D. Van Nostrand Co., Inc.

Benjamin, Gerald, and Richard P. Nathan. 2001. *Regionalism and Realism: A Study of Governments in the New York Metropolitan Area*. Washington, D.C.: Brookings Institution Press.

Cohen, Lizabeth. 2003. *A Consumer's Republic: The Politics of Mass Consumption in Postwar America*. New York: Alfred A. Knopf.

Connors, Richard J. 1971. *A Cycle of Power: The Career of Jersey City Mayor Frank Hague*. Metuchen, N.J.: Scarecrow Press, Inc.

Cranmer, H. Jerome. 1964. *New Jersey in the Automobile Age: A History of Transportation*. Princeton, N.J.: D. Van Nostrand Co., Inc.

Danielson, Michael N. 1976. *The Politics of Exclusion*. New York: Columbia University Press.

Danielson, Michael N., and Jameson W. Doig. 1982. *New York: The Politics of Urban Regional Development*. Berkeley and Los Angeles: University of California Press.

Doig, Jameson W. 2001. *Empire on the Hudson: Entrepreneurial Vision and Political Power at the Port of New York Authority*. New York: Columbia University Press.

Fleming, Thomas. 1977. *New Jersey: A Bicentennial History*. New York: W. W. Norton and Co., Inc.

Garreau, Joel. 1991. *Edge City: Life on the New Frontier.* New York: Doubleday, Anchor Books.

Gottmann, Jean. 1961. *Megalopolis: The Urbanized Northeastern Seaboard of the United States.* New York: Twentieth Century Fund.

Hoover, Edgar M., and Raymond Vernon. 1959. *Anatomy of a Metropolis: The Changing Distribution of People and Jobs within the New York Metropolitan Region.* Cambridge, Mass.: Harvard University Press.

Kirp, David L., John P. Dwyer, and Larry A. Rosenthal. 1995. *Our Town: Race, Housing, and the Soul of Suburbia.* New Brunswick, N.J.: Rutgers University Press.

Laccetti, Silvio R., ed. 1979. *The Outlook on New Jersey.* Union City, N.J.: William H. Wise and Co., Inc.

Lang, Robert E. 2003. *Edgeless Cities: Exploring the Elusive Metropolis.* Washington, D.C.: Brookings Institution Press.

Lurie, Maxine N., and Marc Mappen, eds. 2004. *The Encyclopedia of New Jersey.* New Brunswick, N.J.: Rutgers University Press.

Mappen, Marc. 1992. *Jerseyana: The Underside of New Jersey History.* New Brunswick, N.J.: Rutgers University Press.

McConville, Brendan. 1999. *Those Daring Disturbers of the Public Peace: The Struggle for Property and Power in Early New Jersey.* Ithaca, N.Y.: Cornell University Press.

McCormick, Richard P. 1981. *New Jersey: From Colony to State.* Revised ed. Newark: New Jersey Historical Society.

Parambo, Ron. 1971. *No Cause for Indictment: An Autopsy of Newark.* New York: Holt, Rinehart, and Winston.

Pomfret, John E. 1973. *Colonial New Jersey: A History.* New York: Charles Scribner's Sons.

Stansfield, Charles A., Jr. 1983. *New Jersey: A Geography.* Boulder, Colo.: Westview Press.

Stapinski, Helene. 2002. *Five-Finger Discount: A Crooked Family History.* New York: Random House.

Stonecash, Jeffrey M., with Mary P. McGuire. 2003. *The Emergence of State Government: Parties and New Jersey Politics, 1950–2000*. Madison and Teaneck, N.J.: Fairleigh Dickinson University Press.

Sullivan, Robert. 1998. *The Meadowlands: Wilderness Adventures on the Edge of a City*. New York: Doubleday, Anchor Books.

Wacker, Peter O. 1975. *Land and People: A Cultural Geography of New Jersey: Origins and Settlement Patterns*. New Brunswick, N.J.: Rutgers University Press.

Weiher, Gregory R. 1991. *The Fractured Metropolis: Political Fragmentation and Metropolitan Segregation*. Albany: State University of New York Press.

Wood, Robert C. 1961. *1400 Governments*. Cambridge, Mass.: Harvard University Press.

Worton, Stanley N., Wilbur E. Apgar, Daniel Jacobson, and Abraham Resnick. 1964. *New Jersey: Past and Present*. New York: Hayden Book Co., Inc.

Yaro, Robert D., and Tony Hiss. 1996. *Region at Risk: The Third Regional Plan for the New York–New Jersey–Connecticut Metropolitan Area*. Regional Plan Association. Washington, D.C. and Covelo, Calif.: Island Press.

译后记

非常有幸读到《大新泽西区：历史与现实》的英文版，虽然我在曼哈顿和新泽西都居住过，也曾开车沿着曼哈顿的哈得孙河岸蜿蜒起伏地奔驰，或坐在新泽西的哈得孙河岸欣赏曼哈顿的美丽夜景：帝国大厦、世贸中心、河面的游轮等，或望着窗外喧闹的曼哈顿、翻滚的哈得孙河、平静的北泽西，但我仍然只是看到了外表，目光被挡在这些景观之外。只有读了这本书，我才知道如何撩起那帘景幕，看清幕后的曼哈顿和北泽西。

翻译本书过程中，我从朱迪思·A·马丁的序中了解了这位未曾蒙面的作者朋友丹尼斯·E·盖尔的写作思路，从前言中读到了作者的虚心和严谨，特别是作者在正文前加了开场白，这在其他作品中是不多见的，正是这个开场白带领读者犹如身临其境般地坐在从新泽西到曼哈顿的火车上，目睹车内形形色色的乘客，眺望窗外的沧海桑田。火车就像走进了时间隧道，穿行在历史与现实中。

我曾读过凯文·林奇的《城市意象》，其中有一节是"泽西城"，那时我还没有去过新泽西，只是从书中了解到，泽西城受到曼哈顿的影响，基本失去了自己的特色。而今天翻译本书让我深度感知新泽西和纽约之间的情爱恩仇，领略了北泽西和曼哈顿的你中有我，我中有你。

　　本书让我深刻地领略到两个州或两个地区之间的冲突、合作、发展，还更深刻地感受到了一种学术态度。作者用极为翔实的数据和历史实况讲述，不会因为某种原因回避某个人或某件事。作者也不会把自己的感情色彩涂抹在哪个部位，有意地让其亮起来或暗下去。当然，它也不能完全说是一本纯纪录的书籍，因为作者是有思想的，只是作者的思考基于客观又高于客观，正如朱迪思·A·马丁在序的结尾处所说，盖尔是"合适的、了解全面的向导"。作者的学术态度值得学习。

　　本书的语言文字给我留下了深刻印象，作者没有正襟危坐地做文字游戏，而是比较知性地运用文字语言。标题不要求押韵或有排比，而是直插主题。每章内又有若干个小标题，更是单刀直入，比如"2001年9月11日"、"北泽西的居住空间短缺"、"野生"、"水"、"球迷和缺席的球队"等都可构成一个小标题。作品文字流畅，在单调的记叙中略带一点诙谐，阅读中会感到韵律。

　　在翻译过程中，为便于国内读者理解，我给一些词语加了译者注，还有一些则直接把原文括在后边，以方便读者查询。

　　我很感谢中国建筑工业出版社的戚琳琳女士和率琦先生对我的信任，感谢贾荣香女士的支持，是他们的关心才让我得以发挥自己的优势，在我不到而立之年就能翻译到这么优秀的著作。特别是当我的封笔时间碰巧落在2018年9月11日，而作者在卷首郑重提出"献给2001年9月11日世贸中心悲剧中的遇难者和幸存者"，似乎感到此时此地此书与我有一种特殊的关系。

本书是为致力于城市研究的学者、专家和关注城市的普通读者准备的一部上等作品，我希望在美国作者和中国读者中间架起一座坚实的桥梁。愿我们共勉。

金经

于纽约曼哈顿

2018年9月11日

译者简介

金经,本名郭经天,英文名 Welkin,旅美作家、诗人、记者、摄影师,酷爱旅行。美国哥伦比亚大学管理专业深造,从事可持续发展规划,著有小说《一梦真如》,双语诗集《脩永集》等。

"美国大都市区肖像丛书"

- Metropolitan Phoenix: Place Making and Community Building in the Desert
- Metropolitan Philadelphia: Living with the Presence of the Past
- Metropolitan San Diego: How Geography and Lifestyle Shape a New Urban Environment
- Greater Portland: Urban Life and Landscape in the Pacific Northwest
- Greater New Jersey: Living in the Shadow of Gotham
- Driving Detroit: The Quest for Respect in the Motor City
- Miami: Mistress of the Americas